Inhalt

3 Grußwort Angela Merkel

4 Grußwort Oberbürgermeister Thomas Hunsteger-Petermann

6 Frank Günter Zehnder
Alles oder Nichts - Zu Otmar Alts Themen und Formensprache

12 Jörg Bockow
Zeichensetzer unserer Zeit - Eine bebilderte Biografie

172 Fotonachweis

ZEICHENSETZER UNSERER ZEIT

Eine bebilderte Biografie

Herausgegeben von der Otmar-Alt-Stiftung durch

Jörg Bockow

mit einem Grußwort von Angela Merkel
Kanzlerin der Bundesrepublik Deutschland

und einem Grußwort von Thomas Hunsteger-Petermann
Oberbürgermeister der Stadt Hamm

mit einer Einführung von Frank Günter Zehnder

Otmar Alt

– In der Kunst

 wächst leise

ein Impuls der Seele –

Otmar Alt

Febr. 2012

BUNDESREPUBLIK DEUTSCHLAND
DIE BUNDESKANZLERIN

Berlin, im September 2009

Grußwort
anlässlich des 70. Geburtstags von Otmar Alt

Otmar Alt ist ein wahres Multitalent. Mit unermüdlicher Experimentierlust und Phantasie sucht er die Auseinandersetzung mit den unterschiedlichsten Materialien und Techniken. Dies macht ihn zu einem der originellsten und erfolgreichsten deutschen Künstler der Gegenwart. Ob als Maler, Grafiker, Bildhauer, Bühnenbildner oder Designer – souverän und spielerisch zugleich entzieht er sein Schaffen jeglicher Einordnung in gängige Genre-Schubladen. Doch seine Arbeiten sind im besten Sinne populär. Sie begegnen uns auch im Alltag als Kunst zum Anfassen.

Nicht von ungefähr gilt Otmar Alt als Magier von Farbe und Form. Sein Werk beeindruckt durch klare, intensive Farbigkeit sowie expressive figurative Formen und Konturen. Der Künstler selbst hat seine Bilder als „gemalte Erzählungen" sehr treffend charakterisiert. Und in der Tat: Seine Bilder sind wie das Leben selbst, vielschichtig und facettenreich, voller Poesie, aber auch mit Ironie und Hintersinn.

Dem Betrachter erschließen sich in den Kompositionen immer wieder neue Dimensionen. Letztlich aber überwiegt ein Gefühl von Optimismus, der Zuversicht und des Vertrauens. So sind Otmar Alts Werke in ihrer Unverwechselbarkeit auch ein eindringlicher Appell an das Gute im Menschen. Für den Künstler ist dies keine bloße Attitüde, sondern eine Haltung, die er in seinem vielfältigen gemeinnützigen Engagement besonders zum Ausdruck bringt.

Es ist mir eine Freude, Otmar Alt zum 70. Geburtstag zu gratulieren. Ich wünsche ihm weiterhin kreative Schaffenskraft.

Grußwort des Oberbürgermeisters der Stadt Hamm Thomas Hunsteger-Petermann

„Kunst heißt: ein Zeichen setzen. Zeichen setzen bedeutet, etwas Bleibendes zu schaffen und den interessierten Betrachter direkt in die Welt meiner Kunst mitzunehmen und einzubeziehen. Ich möchte den Menschen etwas mitteilen und in der Gesellschaft, in der ich heute lebe, ein positives Zeichen setzen."

Diese von Otmar Alt formulierten Leitgedanken für sein künstlerisches Schaffen und sein gesellschaftliches Engagement werden in seinem Bildzyklus „Zeichensetzer unserer Zeit" in besonderer Weise deutlich. Mit der gleichnamigen Ausstellung im Hammer Gustav-Lübcke-Museum würdigt die Stadt Hamm den großen Künstler und Humanisten Otmar Alt anlässlich seines bevorstehenden 70. Geburtstages im Rahmen des Kulturhauptstadtjahres 2010.

In dem ausgestellten Bilderzyklus erzählt der Maler seine eigene bewegte und bewegende Lebensgeschichte und verbindet diese mit den jeweiligen zeitgeschichtlichen Ereignissen. So wird im Reigen der Bilder auch sein umfassendes Wirken dargestellt, seit er im Jahr 1977 sein Wohn- und Arbeitsumfeld in Hamm geschaffen hat. Im Rahmen eines Grußwortes kann ich leider nur einige Beispiele nennen:

Durch den großen persönlichen Einsatz von Otmar Alt wurde im Jahr 1996 die Errichtung der Otmar-Alt-Stiftung realisiert. Ziel der Stiftung ist es, junge Talente im Bereich der bildenden und darstellenden Kunst, der Musik und der Literatur durch Stipendienaufenthalte in der Stiftung zu fördern. Darüber hinaus hat sich auf dem Stiftungsareal in Norddinker mit den dort stattfindenden Ausstellungen, Musik- und Kabarettabenden, Lesungen und Talkrunden mit Prominenten ein über die Stadtgrenzen hinaus bekanntes kulturelles Zentrum gebildet. Natürlich darf auch die Verleihung des Kulturpreises der Otmar Alt-Stiftung in dieser Aufzählung nicht unerwähnt bleiben. Ich bin stolz und dankbar, dass unsere Stadt Mittelpunkt dieser bedeutenden Stiftung ist.

Sichtbare Zeichen hat der Künstler im Laufe der Jahre im Stadtbild gesetzt. Stichworte sind: „Wolkenschaukel", weitere Skulpturen sowie Springbrunnen in der Innenstadt, Skulpturen im Maxipark und das zum Kunstobjekt umgestaltete Kanalschiff „Ekke Nekkepen".

Eine besondere Freude war es für mich als Hammer Oberbürgermeister mit Otmar Alt als – wie ich ihn tituliert habe – „Kulturbotschafter unserer Stadt" – anlässlich der im Jahr 2006 drei Jahrzehnte bestehenden Städtepartnerschaft mit unserer englischen Partnerstadt Bradford dort eine Ausstellung seiner Werke eröffnen zu dürfen. Mit der spontanen Schenkung seiner Plastik „Highlander" an die Stadt Bradford hat der Künstler einen sichtbaren Beitrag zur Vertiefung unserer Städtepartnerschaft geleistet.

Zum Abschluss will ich auf einen Aspekt des künstlerischen und gesellschaftlichen Wirkens von Otmar Alt hinweisen, dem ich persönlich eine große Bedeutung beimesse. Nach seiner eigenen Philosophie will er mit und durch seine Kunst schöpferische Fantasie anregen, deren Kreativität öffnen und dessen Vielfalt freisetzen. Diesem selbst formulierten Auftrag kommt der Maler seit vielen Jahren in besonderer Weise durch seine Arbeit mit Kindern und Jugendlichen auch in Hamm nach. Darüber hinaus unterstützt er in unserer Region, in Deutschland sowie international Kunst- und Kulturprojekte für Kinder. Seien es Patenschaften für Kinderbuchprojekte, Sponsoring für Kindertheater, Stiftungsaktivitäten für Jugendhilfsaktionen wie „Juventus Deutschland" oder Buchillustrationen zu Gunsten der „Kolping-Kindergarten-Stiftung Südafrika".

Für sein großes künstlerisches und gesellschaftliches Engagement wurde Otmar Alt 1998 das Bundesverdienstkreuz verliehen. Darüber hinaus erfolgte bereits 1994 die Verleihung des Ehrentitels „Bürger des Ruhrgebiets" und im Jahr 2005 wurde er als Preisträger des „Steiger Awards" ausgezeichnet.

Ich wünsche Otmar Alt für seine weiteren Lebensjahrzehnte die Leidenschaft und Liebe zum künstlerischen Schaffen und die erforderliche Kraft für sein gesellschaftliches Engagement.

Den Lesern dieses Buches darf ich den Wunsch des Künstlers mit auf den Weg geben: „Kunst ist ein Medium, das alle Menschen erreichen soll und so Eingang in das Leben und Denken der Menschen findet."

Thomas Hunsteger-Petermann
Oberbürgermeister der Stadt Hamm

Alles oder nichts.

Zu Otmar Alts Themen und Formensprache

von Frank Günter Zehnder

Zu den Binsenweisheiten in der Geschichte der Kunst zählt die Beobachtung, dass sich die formale wie farbige Ausdrucksweise im mehr oder weniger langen Leben eines Künstlers erheblich wandelt, mitunter sogar mehrmals. Der Formenapparat eines Malers, Bildhauers, Zeichners unterliegt nahezu ununterbrochen Einflüssen, die von Innen und Außen auf ihn einströmen, ihn beflügeln oder hemmen, ihn zur Avantgarde oder zur Tradition treiben. So bleiben das Schaffen, das Oeuvre und die Kritik in Bewegung, manchmal in kurzen Intervallen und manchmal für längere Phasen.

Für ständigen Wandel und schnelle Abfolgen wird gerne auf das Lebenswerk Pablo Picassos verwiesen, das geradezu exemplarisch für das Prinzip der steten Entwicklung sowie für den Dialog von Erfahrung und Vision steht. Auch das bisherige Werk und die aktuellen Arbeiten Otmar Alts sind sozusagen mehrsprachig angelegt, sie schöpfen aus Beobachtung und Erfindung, sie vereinen ziemlich unterschiedliche Ausdrucksweisen und stilistische Ansätze in sich. Sein Oeuvre ist weder heterogen noch homogen, weder beutet es die Kunstgeschichte aus noch agiert es selbstreflexiv, es ist weder kopflastig noch simpel. Es hat einen ganz eigenwilligen Charakter, der sich in seinem hohen Wiedererkennungswert spiegelt und viele Möglichkeiten parallel bereithält. Man fragt sich, woher das kommt und was die multiplexe Energie über all die Jahrzehnte in Gang hält.

Frühes auf sich selbst Geworfensein, kleinkindliche Entbehrung von Elternliebe, Isolation, große Strenge und Spannungen in der Familie, das alles mag schon beizeiten zu seinem Freiheitsdrang, zum Streben nach Selbständigkeit und zur Widerstandsfähigkeit kräftig beigetragen haben. Neben diesen Erfahrungen mögen beispielsweise die Ängste des Bombenkriegs und die Entbehrungen der direkten Nachkriegszeit auf der einen Seite sowie innige Freundschaften und Pfadfinderei auf der anderen eine Ambivalenz von Sorge und Freude, von Ernüchterung und Risikobereitschaft nach sich gezogen haben.

Sein grenzenloser Optimismus und seine Menschlichkeit finden sich in seiner Kunst, die von den Betrachtern stets als lebensbejahend erfahren wird, wieder. Diese nicht korrumpierbare „trotz alledem Haltung" bewährt sich auch in den unterschiedlichsten Phasen seines Werks, darüber hinaus macht sie ihn nachsichtig gegenüber Neid und Missgunst, vorsichtig in Äußerungen und Begegnungen sowie einsichtig in kunstrelevanten Entscheidungen und lebenspraktischen Fragen. Das alles formt freilich einen Lebensrahmen, innerhalb dessen sich eine ebenso bunte wie anstrengende Künstlervita abspielt.

Die erzählfreudigste und detailreichste Bildersequenz Otmar Alts, der „Blues des Lebens", ist eine einzigartige gemalte Autobiographie. Von keinem anderen Künstler ist ein solches Resümee als Zwischenbericht des eigenen Lebens und Erlebens bekannt, nie wurde in dieser ungeschminkten Offenheit die persönliche Geschichte mit der Zeitgeschichte und ihren besonderen Ereignissen ineinander gemalt, kein zeitgenössischer Künstler hat so lange, so intensiv und mit so aufwendigen Recherchen seine persönliche Sicht der Lebenszeitgeschichte zusammengetragen. Weder steht ein Auftrag noch bisher eine Chance zum Verkauf des Zyklus hinter dem Mammutprojekt, es wurde aus freien Stücken als Rückblick und Dokumentation, als Aufzählung und Collage geschaffen. Otmar Alt war klar, auf was er sich einließ und welche Kräfte er auf lange Zeit binden würde, aber eine Unbedingtheit, die ihn grundsätzlich auszeichnet, trieb ihn ans Werk und durch den gesamten Arbeitsprozess.

Sind die drei ersten Tafeln noch eher großflächig und mit wenigen Objekten ausgestattet, so verdichten sich Erzählstruktur und Bildkomposition mit wachsendem Zyklus zunehmend, arbeiten mit dem Bild im Bild, bringen viele Details, setzen einzelne Ereignisse additiv nebeneinander oder machen eine integrale Bildlösung daraus. Das letzte Bild „Morgen ist auch ein Tag" greift gewissermaßen ein Gestaltungsprinzip der ersten Tafeln auf und schafft mit den Großformen von Narr und Sarg – mittels der Diagonalen – ein dynamisches und – mittels der weißen Flächen – zugleich ein stilles Bild. Beide Gestaltungselemente verweisen freilich in der Summe auf Kommendes, Zukünftiges.

In dieser Bilderfolge, die auf eine reiche Ahnenreihe narrativer Malerei bis zu den Heiligenzyklen des 14./15. Jahrhunderts zurückblicken kann, fließt vieles zusammen, was die Person, die Prinzipien, das Handeln und die Kunst Otmar Alts ausmachen. Insofern ist das umfangreichste Werk des Künstlers auch ein Spiegelbild des bisherigen Oeuvres. Es ist keine Hymne auf sich selbst, auch wenn der Maler - agierend und von mehr oder weniger geschichtsträchtigen Ereignissen umgeben - auf allen Tafeln präsent ist, sondern es ist ein höchst subjektives Historienbild, das von einer persönlichen Betroffenheit in der Zeit spricht. Damit wird zugleich ausgedrückt, dass jede Ereignis- und Epochenerfahrung subjektiv ist und damit unterschiedlicher Auswahl beziehungsweise Bewertung unterliegt.

Unter der Fragestellung „Was war ihm wichtig, was hat ihn beeindruckt?" bringt uns die Fülle der Begebenheiten nicht Geschichte an sich, sondern - auf einem Umweg gewissermaßen - den Maler selbst nahe. Da jeder Mensch auch Mitmensch ist und niemals den Wirkungsweisen der Menschen und der von ihnen gemachten Geschichte entkommen kann, ist eines der subsumtiven Themen des Zyklus das Agieren des Individuums unter den Einflüssen lokaler bis globaler Ereignisse. Hier führen die Ströme der ganz persönlichen Betrachtung und des – wie auch immer gearteten – Erlebnisses der Weltwirklichkeit mit denen der Auswirkungen auf die individuelle Haltung und das eigene Handeln zusammen. Da tut sich im wahrsten Sinne des Wortes eine bunte Welt auf, da steht Weltpolitik neben Privatleben und Beruf (Der Fall der Mauer 1989-90), da werden dramatische, die Welt verändernde Terrorakte neben künstlerischen Erfolgen und Begegnungen notiert (Lisa in Linnich 2001), da wird die engagierte Gründung der nach ihm benannten Stiftung unprätentiös in ein Mosaik anderer Begebenheiten eingereiht (Der Künstler als Anstifter 1991-93) oder pinartig bescheiden in einem Tableau nicht ganz so wichtiger Geschehnisse zitiert (Die Stiftung 1996). Offensichtlich spielen kulturelle Ereignisse, Künstler, Museen, Ausstellungen, Gebäude, Persönlichkeiten und auch Kunstwerke eine zentrale Rolle in diesen gemalten Lebensnotizen des Künstlers.

Neben der traditionsreichen narrativen Kunst mit ihrer Erfindungsgabe dürfen wohl auch zwei jüngere Medien, die aus einem Mix von Bilderzählung und Wortinformation entstanden sind, als Paten der umfangreichen Bilderserie Otmar Alts in Anspruch genommen werden: der Bilderbogen und die Comicserie. Der aus bebilderten Flugblättern des ausgehenden Mittelalters im 18. und 19. Jahrhundert entwickelte Bilderbogen diente der Verbreitung volkstümlicher Neuigkeiten und der Propaganda, er war belehrend und unterhaltsam. Auch wenn etwas von seinem Charakter in unserem Zyklus weiterlebt, kann eine unmittelbare Vorbildfunktion ausgeschlossen werden. So wie Otmar Alt die Kunstgeschichte und damit auch die Funktion des volkstümlichen Bildes in den Neuruppiner und Münchener Bilderbögen kennt, ist er auch mit dem seit 1900 entstandenen Medium Comic vertraut. Dessen direkte Ansprache und dessen affektive Bildwirkung haben sich auch auf die Bildsprache im „Blues des Lebens" ausgewirkt. Comic-Zitate gehören ja seit der Pop Art zu den probaten Ausdrucksformen vieler zeitgenössischer Künstler, sie fließen bewusst oder unbewusst in die Kompositionen ein.

Der Bilderzyklus zeigt, wie die Belesenheit, Ausdruckssicherheit und Erfindungskraft seines Autors aus ganz unterschiedlichen Erfahrungsfeldern heraus zu stimmigen Bildlösungen führt. Dabei wandelt sich der Gesamteindruck von Tafel zu Tafel und stellt klar, dass hier weder ein Grundmuster vorlag noch eine sich wiederholende Routine die Hand führte, vielmehr waren bei jedem Bild – schon von den völlig unterschiedlichen Inhalten und Kontexten her – frische Schöpfungskraft und spritzige Bildideen gefordert. Die Betrachter werden schnell bemerken, wie sehr die Bildgeschichten sie in den Bann ziehen und dass man das Bild absuchen und durchforschen muss, um wirklich die vielen Aspekte, Aussagen und Andeutungen zu entdecken und zu entschlüsseln.

Viele Gespräche mit Betrachtern aus unterschiedlichen Altersgruppen ergaben als Erkenntnis: Auch wenn man die gemeinte Zeitspanne oder das Jahr nicht weiß, kann man beide aufgrund einer detaillierten Bildkenntnis ziemlich genau erschließen, während die ganz persönlichen Zusammenhänge verschlossen bleiben. Der Maler erreicht beim Betrachter durch ein Wechselspiel von Suche und Erkenntnis, von Nachrichtenwert und Codierung, von Assoziationen und Analogien zum eigenen Leben einen hohen Grad der Beteiligung.

Die erste Präsentation des Zyklus in der Völklinger Hütte (2009) ließ besonders häufig eine intensive Auseinandersetzung mit dem reichen Bildstoff und eine längere Verweildauer vor den Tafeln beobachten. „Was war das? War es so? Wie hat es mich berührt?" sind beinahe stereotype Fragestellungen, die oft auch Parallelen im eigenen Leben freilegen. Spannend ist natürlich, ob und wie über das Sammeln von Fakten und über die Vergleiche mit dem eigenen Leben hinaus Schritte zu einer Deutung hin gewagt werden. Für die einen ist Otmar Alts ausgebreitete Ereignis- und Bilderwelt ein großes Rätselspiel, für andere eher ein Lexikon. So wie man dort beim Suchen eines Begriffs immer auch an vielen anderen hängen bleibt, so wird man geführt oder springt man von einem Bilddetail zum anderen und muss dabei noch aufpassen, dass einem nicht Hintergründiges im wahrsten Sinne des Wortes entgeht. Die Tafeln sind ein Ort für Leute mit Augen, mit Neugier, ja mit Seh- und Kombinierlust.

Innerhalb des bisherigen Oeuvres von Otmar Alt nehmen die Tafeln mit ihrer Ausführlichkeit, mit ihren persönlichen Bekenntnissen etwa zu Orten, Freundschaften, Geschäftsbeziehungen, zu Glaubensgemeinschaften, Vorbildern, Musikern, zu Elternhaus und Entwicklung eine besondere Stellung ein. Erzähl-, Kompositions- und Malweise schöpfen aus der reichen Erfahrung und greifen gleichzeitig weiter aus. So sind in den Einzelszenen die Raumdispositionen durch Stellungen, Gesten, Perspektiven, Kuben und Farben bis hin zur perfekten Architekturzeichnung geklärt, sie scheinen oft wie schwebend, wie angeheftet oder ausgelegt auf dem flächigen Malgrund. Die Farbverteilung ist sorgfältig ausgewogen, sanfte und kräftige Farbtöne stehlen einander nicht die Aufmerksamkeit, es wird mit Nuancen, mit Gegensätzen und Annäherungen gearbeitet.

Zeichnung, Foto, Kolorierung und Malerei werden unsystematisch eingesetzt, sie konkurrieren – wie in den Werken des Künstlers üblich – nicht mit der Ornamentmalerei, die mit Punktsetzungen, Strichlagen, Kräuselungen, Kreisen und Schachbrettmustern manchmal Rhythmus und Bewegung, manchmal Ruhe und Ausgewogenheit in die Flächen bringt. Kleine Bildchen und miniaturartige Realien wie etwa ein Fahrrad (Die Augenwesen 1984-85), ein Schildchen, ein Name oder ein Signum wirken wie Zitate oder Aperçus. Man sollte auf sie achten, denn sie setzen nicht nur formale Akzente, sondern sind vor allem inhaltliche Hinweise.

Auch die „Ausblühungen", die an den Tafeln auf drei Seiten, vorzugsweise aber nach oben stattfinden, verbinden den Zyklus mit früher entstandenen Werken wie beispielsweise den Bildobjekten der Werkreihe „Ganz Alt" (2006-07), die sich anlässlich einer Ausstellung im Schloss Monrepos bei Neuwied (2007) mit Artefakten des Eiszeitalters künstlerisch auseinandersetzt. Hier wurden für die zu archäologischen Objekten erfundenen Bildgeschichten ganz unterschiedliche Bildformen entwickelt, die mit Auskragungen und Applikationen arbeiteten und oftmals den Rahmen sprengten. Solche Rahmenüberlagerungen erweitern zum einen die Malfläche und sprechen von der Erzählmenge, zum anderen senden sie unübersehbare Aufmerksamkeitssignale und suggerieren darüber hinaus die dritte Dimension.

Zu den von Otmar Alt als Topoi entwickelten Bildgegenständen zählen zum Beispiel auch Tiere auf Rädern, die an Spiel und Unbeweglichkeit einerseits sowie an Steuerung und Mobilisierung andererseits denken lassen, sowie die typischen Chiffren für Baum, Strauch, Blume und Gestirn (Ragösen, die trügerische Idylle 1945-50 / Die Augenwesen 1984-85), die mehr als nur bloße Versatzstücke sind. Sie bieten sich auch hier als von den Jahreszeiten unabhängige Signatur für Natur, Himmel und Erde an. Als Präsentations- und Aktionsräume für die Bilderzählung dienen Flächen und Wände, die in einem erweiterten Sinne Bühnen und Kulissen meinen. Da die Fülle der jeweils zu vermittelnden Szenen, der handelnden Personen und der Staffagen unterschiedlich gestaltete Bereiche bedingt, ist man Zeuge ständigen Bild- und Bühnenwechsels in den Tafeln.

Eine gern gebrauchte Redewendung Otmar Alts lautet: „Kunst kommt von Künden", womit er – übrigens anders als viele seiner Künstlerkollegen – von einer wie auch immer formulierten Botschaft der Kunst spricht. Für sich selbst und sein Schaffen nimmt er diese Maxime schon lange in Anspruch, stellt sie doch der Formfindung, der Handwerklichkeit und der Handschrift einen moralischen „kategorischen Imperativ" (Kant) zur Seite. Neben Kreativität, Autonomie, Beherrschung der Kunsttechniken und vielen anderen Tugenden des Kunstschaffens kommt aus seiner Sicht dem Künden der Primat zu. In den Tafeln des Zyklus „Blues des Lebens" drückt sich dieses Postulat in der jeweils direkten Ansprache der Betrachter durch die Bildfiguren aus (Coq o' clock 1986 / Augen Blick Mal! 1987). Alle Blicke und Kopfwendungen richten sich aus dem Bild, und nur ganz vereinzelt erkennt man schon mal einen Profilkopf. Das auch aus seiner spirituellen Orientierung herrührende Appellative wie das Wirken Wollen existieren für Otmar Alt nicht theoretisch oder nur verbal, sondern prägen Bildformen und gehen in den Dialog. Er will die Menschen erreichen. Es ist beachtenswert, dass sein „Lebenszyklus" das so deutlich ausdrückt.

Zur Unverwechselbarkeit seiner Handschrift zählt die seit Jahrzehnten angewandte Puzzle-Struktur seiner Bilder. Sie besteht nie aus genormten Teilchen, bleibt aber auch bei seinen figürlichen Darstellungen passgenau und bedeckt das gesamte Areal. Gewiss spiegelt sich darin ein intuitives Verständnis für die Zusammenhänge von einem Gesamt und den Teilen sowie letztlich von Mikrokosmos und Makrokosmos. Die Puzzle-Struktur ist eine der Grundideen im Werk von Otmar Alt, sie arbeitet mit überschaubaren klaren Konturen und definiert die Bildgegenstände in narrativen Werken, in seinen abstrakten Bildern schafft sie mit ihrem dunklen Liniensystem Flächen für die freie Malerei. Weit entfernt von jeder Spielerei ist sie ihm im Chaos der Ideen gleichsam eine Art Ordnungsprinzip ohne lähmende stereotype Systematik.

Im grundsätzlichen Verhältnis von schwarzem Kontur und gemalter Kleinfläche steht die Kunst Otmar Alts als autonome Lösung in einer Traditionskette, die beispielsweise vom Stuttgarter Akademieprofessor Adolf Hölzel (1853-1934) bis zum brasilianischen Maler Romero Britto (geb. 1963) reicht. Das Puzzle-Prinzip findet sich in unserem Zyklus durchgehend als Zitat und als Neuformulierung, es baut große Figuren ebenso wie kleine Szenen, Gegenstände ebenso wie Kulissen. Neu ist aber, dass es eingebunden ist in eine leicht wirkende Collagetechnik, die mit den Elementen des umrahmten Bildes, der freistehenden Figur, den Architekturzitaten und bereits erwähnten anderen Sujets so umgeht, dass alles wie gesammelt, wie auf einer Pinnwand vereint oder wie in Alben verwahrt aussieht. Das macht eine solche Malerei als Mitteilungsmethode durchaus vertraut und gewinnt schnell die studierenden Blicke. Durch die weitgehende Freistellung der Erzähl- und Bestandteile auf den Tafeln gewinnt der Maler sozusagen eine stimmige Alternativlösung zur Puzzle-Struktur, und das durchaus unter gleichzeitigem Einsatz solcher Bildbausteine.

Der Zyklus weist auf vielfältige Weise nach, wie Otmar Alt seinen Blick auf das eigene Schaffen lenkt, wie er mit den gefundenen Lösungen umgeht, wie er die biografische Authentizität mit der künstlerischen Autonomie verschmilzt, wie er mit schonungsloser Offenheit über sich und sein Leben malt, wie er sich ob des Erreichten nicht zufrieden zurücklehnte, sondern weiter suchte und in der Grunddisposition des Bildes fündig wurde. Die Leichtigkeit und Lockerheit der Mitteilungen hat im Aufbau und in den eingesetzten Gestaltungsweisen ihr Pendant, und ein zukunftsfähiges noch dazu.

Neben den Themen aus Politik, Weltereignissen, Glauben, Kultur und dem eigenen Werk spielen – wie wäre es anders zu erwarten – Frauen und Erotik in den Tafeln eine Rolle. Ohne mit seiner besonderen Zuneigung zu diesem Geschlecht zu kokettieren, werden Respekt und Leidenschaft in jedem Jahres- beziehungsweise Epochenbild greifbar. Ob es die erste züchtige Freundschaft ist (Ragösen, die trügerische Idylle 1945 – 50), ob es Zitate der sexuellen Revolution sind (Die große Veränderung 1973), ob es Beate Uhse ist (Lisa in Linnich 2001), ob es Hildegard Knef (Hexe Antra 2002) oder eine strenge Mitarbeiterin (Bürger des Ruhrgebietes

1994 – 95) ist, in einer Fülle unterschiedlicher Formulierungen huldigt er einem mehr oder weniger entblößten Frauenbild. Die auch in seinen abstrakten Werken gerne angedeuteten phallischen Merkmale spart er nicht aus, hält sich damit aber zurück.

Angesichts einer solch monumentalen Bildersequenz von einunddreißig Tafeln zu Zeit und Leben muss auch danach gefragt werden, wie sich das geradezu riesige Gesamtwerk überhaupt entwickeln konnte, welche Phasen sein Schaffen durchlief und welche innere Haltung dafür verantwortlich ist. Neben mitgegebenen musischen Genen, neben einer früh erfahrenen, stark machenden Leidensfähigkeit, neben der Begabung zum Rückzug in die Stille aber auch zur lebhaften Geselligkeit, neben einem weiten Interessenhorizont und ausgeprägter Toleranz sind Vision und Fantasie, Gestaltungskraft und Realitätssinn Pfunde, mit denen er von Jugend an wuchern konnte.

Eine frühe Entscheidung für Kunst, als Konsequenz die Lehre als Schaufenstergestalter und Plakatmaler bei Karstadt in Berlin (1956-58) und der Beginn eines Studiums an der Berliner Meisterschule für Kunsthandwerk (1959) weisen zunächst auf seine praktischen Begabungen hin. Der Hang zur freien Kunst setzt sich schließlich mit dem Studium an der Hochschule für Bildende Künste zu Berlin (1960-66) durch, wo er besonders dem Mainstream dieser Zeit, der abstrakten und informellen Malerei, begegnete. Auch wenn sie ihn ein Leben lang begleitet, erkannte er um 1966, dass sie nicht als Soloinstrument für sein Suchen taugte. So gehörte Otmar Alt zu den ersten seiner Generation, die Schritte zu einer neuen Figuration wagten. Das unterstreicht den Instinkt für reife Entwicklungen, den Mut zu riskantem Ausscheren und den Willen zur Autonomie.

Die folgenden Jahre ließen ihn in der Berliner Kunstszene mit ersten Ausstellungen und glänzenden Erfolgen, mit seiner geliebten Jazzmusik und intensiv erlebter Geselligkeit, mit überbordender Arbeitslust und den Erfahrungen gesellschaftlicher Veränderungen sozusagen am Puls der Zeit fühlen. Alles bestätigte ihn darin, den Blick seiner Kunst zu weiten, künstlerisch so zu schaffen, dass die Kunst nicht nur gekauft, sondern vor allem verstanden wird. Raus aus dem Gewächshaus einer nur um sich rankenden, intellektuellen Kunst, hin zu den Menschen, denen mehr Kunst nur helfen konnte. Was die einen in politische Inhalte der Kunst umsetzten, formulierte Otmar Alt als eine Art fröhlicher, einfallsreicher Gegenwelt. Mit erkennbaren Prinzipien setzte sich damals seine Werkphilosophie in Bewegung: Lesbarkeit, Menschennähe, Spürsinn, Direktheit, Kompositionskraft, Perfektion, Gesinnung, Sinnlichkeit, Lebensbejahung und die Erfahrung, dass Harmonie und Schönheit nicht verboten sind.

Es ist ein Wunder, dass der Künstler über zahlreiche schwere Schicksalsschläge hinweg seinem – nie so formulierten, doch in der Kunstpraxis deutlich erkennbaren Manifest – bis heute treu blieb. Auch seine Lust an Skulptur und Plastik, an Bühne und Illustration sowie sein zeitweiliges Engagement in Kunsthandwerk, Design oder in der Gestaltung von Alltagsdingen bis hin zum Bobby Car (1993) findet hier eine schlüssige Erklärung. Es ist nicht zu übersehen, dass neben Klee und Picasso auch das legendäre Bauhaus zu seinen künstlerischen Ahnen zählt. Otmar Alt ist ein – auch von Galerien – völlig unabhängiger Künstler, der mitunter in rasanten und dann wieder in kontemplativen Schüben arbeitet, der Freundschaft annimmt und sie aufrichtig bietet. Das zeigt sich in besonderer Weise in der von ihm begründeten und ausgestatteten Otmar-Alt-Stiftung, die junge kreative Talente uneigennützig fördert.

Künstler wie Otmar Alt und ihre Kunst hinterlassen Spuren, die meist über das allgemeine Verständnis von Wirkung und Erinnerung weit hinausreichen. Sie werden selbst Teil der Geschichte. Der beeindruckend offene und ausführliche Zyklus, den der Künstler selbst „Blues des Lebens" benannt hat, ist keine Welt- und Zeitgeschichte der letzten siebzig Jahre, sondern greift das heraus, was er für zeittypisch hält und was ihn persönlich berührte und prägte. Einen solchen - bis zum Intimen reichenden - grundehrlichen Einblick in Geschehen, Gedanken und Gefühle zuzulassen, birgt ein hohes Risiko für Missverständnisse und Neid, für Unterstellungen und Häme. Aus mancherlei Erfahrung weiß der Künstler darum. Den Mut dazu hatte er schon immer. Otmar Alts gemalter Rückblick ist das vorläufige Resümee eines Künstlerlebens unter der unausgesprochenen Devise: Alles oder Nichts.

„Ein Mensch ohne Phantasie ist wie ein Vogel ohne Flügel." (Wilhelm Raabe)

1940 Der Sprung ins kalte Wasser

Entwurf zum Bild „1940"

Otmar Alt

Mutter Dorothea

Vater Rudolf

„Das Leben ist nur ein Versuch", erklärt Otmar Alt. Und vor der ersten Tafel seiner Lebensgeschichte möchte man ergänzen: Man muss dafür sogar ins kalte Wasser springen. Wie eben Weiland der Spross, der sich nackt und bloß kopfüber in das Taufbecken stürzt, so als gelte es in den nächsten Jahren einen Schwimmwettkampf zu bewältigen. Otmar Alt betritt mit diesem beherzten Sprung die Bühne des Lebens. Der linke Rand der Tafel ist durch einen Theatervorhang begrenzt, der für den Betrachter aufgezogen ist.

Der erste Lebensabschnitt beginnt. Der Künstler hat keine andere Chance als sich dem Leben anzuvertrauen. Otmar befindet sich vom ersten Tag an in einem Mahlstrom. Die Geschichte des eigenen Lebens ist nicht ohne das aktuelle Zeitgeschehen und die Sehweisen seiner Zeit zu verstehen. Otmar Alt wird am 17. Juli 1940 in Wernigerode geboren. Er ist Kriegskind. Mit dem 1. September 1939, dem Einmarsch der Deutschen in Polen beginnt der Zweite Weltkrieg, der zuerst Europa und schließlich die ganze Welt in Brand versetzt. Otmar ist der uneheliche Sohn des Kirchenmusikers und Musiklehrers Rudolf Hermann Alt und der aus einer Kaufmannsfamilie stammenden Dorothea Stiemke.

Manches spricht Bände oder gerät zum Anlass tiefenpsychologischer Interpretationen, gerade weil es nicht zu sehen ist, wie hier bei Otmar Alt, der in seinem lebens- und zeitgeschichtlichen Zyklus dem Betrachter bis auf die Tatsache seiner Geburt nicht das mindeste Zeichen seiner Eltern zeigt. Auf dieser Tafel ist Otmar, mutterseelenallein zu sehen, in die Welt geworfen. Verloren und verlassen.

In der Erinnerung waren seine Eltern ein ungewöhnliches und ungleiches Paar. „Mein Vater war stolz bis zur Unnahbarkeit, und meine Mutter war stur, so wie es nur eine junge Frau aus dem Pommerschen sein konnte." Ins Auge springt der große Altersunterschied von immerhin 30 Jahren. Sie hätte seine Tochter sein können. Vielleicht war sie ursprünglich seine Schülerin. Ein interessanter Gedanke, der wohl nicht mehr aufgeklärt werden kann.

Sein Vater, Rudolf Hermann Alt, 1883 geboren, war ein prinzipienstrenger Protestant, der sich zur evangelischen Brüder-Unität der Herrnhuter, einer protestantischen Freikirche, hingezogen fühlte. Seine wichtigsten Erziehungsmittel waren Gebote und Verbote, drakonische Strafen und körperliche Züchtigung, so als gelte es aus dem Heranwachsenden von Anbeginn an den bösen Freigeist auszutreiben. Ein Versuch, der wie wir später erfahren werden, scheitert, ja scheitern musste, denn die Erziehungsmaßnahmen haben seinen Widerstandsgeist geradezu gefördert. Otmar ist von Anfang an ein Freigeist, so individualistisch, kreativ und eigensinnig, wie es im Buche steht.

Vielleicht waren daher die ersten beiden Lebensjahre ein Segen. Denn der kleine Otmar wächst in der behüteten Atmosphäre eines katholischen Kinderheimes auf. „Ein uneheliches Kind war in diesen Zeiten ein unvorstellbarer Makel", erinnert sich der Künstler. Erst nachdem seine Eltern geheiratet haben, wird er als rechtmäßiger Sohn in den Kreis der Familie aufgenommen.

Der Junge wird in der Liebfrauenkirche auf den Namen Otmar Rudolf Hermann getauft. Otmar ist auch damals schon ein sehr seltener Name. Die Namensgebung also sicherlich kein Akt des Zufalls, sondern eine Entscheidung, die den etymologischen Zusammenhang bewusst mit aufnahm. Im Althochdeutschen bedeutet Otmar: „der durch Besitz Berühmtgewordene".

Vater im Alter von 45

Otmar im Alter von 28

Als Namenspatron diente den Eltern der heilige Otmar (Audomar) von St. Gallen, jener Heilige, der in der Schweiz das erste Haus für Aussätzige baute und dafür bekannt war, dass er Kranke, Blinde und Arme in einem weiteren Bau aufnahm, wo er sie auch nachts selbst betreute. Ein Mann Gottes, der sich für die Hilfsbedürftigen einsetzte und aufopferte. St. Otmar wird bildlich in Verbindung gebracht mit einem Weinfässchen, von dem überliefert ist, dass es auf wundersame Weise niemals leer wurde.

Die markantesten Gebäude der Heimatstadt Wernigerode wie das altehrwürdige Rathaus, das selbst im Ensemble gut erhaltener, imposanter Fachwerkhäuser als eine Perle mittelalterlicher Baukunst hervorsticht und die romantische Liebfrauenkirche formen den inneren Rahmen des Bildes.

Das Bild ist, wie alle Tafeln des Zyklus, als ein Suchbild angelegt, indem der Betrachter seinen eigenen Weg finden muss. Otmar Alt ist der Idee des Puzzles treu geblieben, das über viele Jahre und Jahrzehnte für ihn eines der wichtigsten Gestaltungselemente gewesen ist.

Skizze der Liebfrauenkirche

Entwurf mit Rathaus von Wernigerode

Der Betrachter muss sich sein eigenes Bild konstruieren und den Sinn erschließen, dafür sind Rätsel zu lösen, und ohne eine Portion Fantasie wird das nicht gelingen. Persönliche und historische Ereignisse, kleine und große Details werden ab jetzt den Lebensweg des Künstlers begleiten, sich ihm als Steine in den Weg legen oder seine Entwicklung wie eine Rutschbahn beschleunigen.

Im Mittelpunkt des Bildes: der Sprung des Neugeborenen in das überdimensionierte Taufbecken der Liebfrauenkirche von Wernigerode. Aus dem Becken erwächst ein Baum, der zur gleichen Zeit pralle Blüten und üppige Früchte trägt. Ein Zeichen des Lebens, zugleich ein Symbol der Hoffnung. Eine Art Sinnspruch ziert das Taufbecken. Der Künstler erklärt: „Angesichts der Sintflut von Klagen, baute ich mir eine Arche Noah für meine positiven und fröhlichen Gedanken."

Die Tafel ist von Ambivalenzen und Antagonismen gekennzeichnet. Der Sprung des Neugeborenen findet vor einer Chiffre statt, die mit dem freundlich grinsenden Gesicht einer Nackten auf den Maler Paul Klee verweist, der im Geburtsjahr verstorben ist. Otmar Alt bezeichnet ihn gerne als seinen Ideengeber und als sein Vorbild, so als hätte Paul Klee nicht nur künstlerisch an seiner Wiege gestanden.

Otmar trifft Paul Klee

„Der eine geht, der andere kommt", sagt Otmar Alt und spielt dabei mit der Idee der Wiedergeburt. „Das ist der Gang des Lebens."

Leben und Tod sind miteinander verwoben. Sie sind die beiden Kehrseiten der Medaille. Das eine erwächst aus dem anderen. Im Neuen sind die Spuren des Vorhergehenden aufgehoben. Die Geschichte selbst bleibt so ein großes Ganzes, in der das Individuum nur eine kleine Rolle spielt. Jedes Individuum entsteht aus einem zeitlichen und lokalen Zusammenhang, der seine Geschicke beeinflusst und bestimmt.

Die geografische Herkunft des Künstlers ist durch die Koordinaten von Wernigerode im Harz definiert. Die idyllische Landschaft des Mittelgebirges bildet den Hintergrund. Hier tanzen die Hexen an Walpurgis über den Brocken. Hinter dem historischen Rathaus sieht man den Brocken mal unter sternenfunkelndem Nachthimmel und mal vor dem strahlendblauen Firmament eines Sommertages.

Der Startblock des Neugeborenen steht auf einer feierlich angerichteten Kaffeetafel. Eine grüne Kaffeekanne wartet auf einer von Hieroglyphen und archaischen Zeichen gezierten Tischdecke. Es sind Zeichen aus einer anderen Zeit und einer anderen Welt. „Das ist meine Sprache", sagt der Künstler geheimnisvoll und belässt einen Teil der Bedeutung dieser Tafel bewusst im Dunkeln.

1940 - 1945

Berlin brennt

Fassungslosigkeit und Sprachlosigkeit angesichts brennender, zerbombter Häuser, ratternder Panzer und dröhnender Geschwader alliierter Bomber. Zu Hunderten kreisen die Iljuschins und MIGs wie schwarze Vögel über der Reichshauptstadt. Die Bevölkerung hat sich in ihren Kellern verschanzt. Die Menschen harren in ihren Luftschutzbunkern aus. Blutrot das Feuer der brennenden Stadt, blutrot die Fahne der russischen Besetzer und Befreier.

Der Künstler erinnert an den 2. Mai 1945. Auf dem Brandenburger Tor wird die russische Flagge mit Hammer und Sichel als Zeichen der Überwindung und des Sieges aufgepflanzt. Die Fotografie dieses Aktes geht als Ikone des Niedergangs des Deutschen Reiches um die Welt. Der Krieg ist damit noch nicht zu Ende, wiewohl der letzte Widerstand gebrochen ist, in dem selbst Kinder und Jugendliche als Flakhelfer und Greise im Volkssturm als Kanonenfutter eingesetzt worden waren.

Der Führer Adolf Hitler und sein Propagandaminister Joseph Goebbels haben sich zwei Nächte zuvor, am 30. April 1945, im Führerbunker unter der Reichskanzlei das Leben genommen. Sie haben sich der Verantwortung entzogen. Knapp eine Woche später: Die bedingungslose Kapitulation des faschistischen Reiches, das im imperialistischen Wahn und in menschenverachtender Hybris angetreten war, die ganze Welt zu erobern.

Die von Otmar Alt gemalte Szenerie ist unwirklich, bedrohlich und beängstigend. In ihr spiegeln sich die dramaturgischen Fähigkeiten des gelernten Schaufenstergestalters und Plakatmalers. Der Künstler weiß seine Effekte zu setzen und Wirkungen zu erzielen. Sie sind Ausdruck seiner Betroffenheit.

Die Familie ist vor dem Krieg von Wernigerode nach Berlin gezogen. Sie lebt in der Droysenstraße, einer Nebenstraße des berühmten Kurfürstendamms im Stadtteil Charlottenburg. Die Alts haben eine typische Berliner Wohnung im zweiten Stock eines Vorderhauses bezogen. Fünf Zimmer. Die Familie hat Platz. Doch es bleibt keine Zeit diesen Komfort zu genießen. Berlin ist im Visier der Alliierten. Von Osten rückt die Rote Armee heran. Von Westen sind es die Engländer und Amerikaner.

„Ich kann mich an die Russen erinnern, die eines Tages durch unseren Bunker liefen", sagt Otmar Alt. Da war der Krieg zu Ende. Man fürchtete die Willkür der Sieger. Brandschatzung und Plünderung, Mord und Vergewaltigung. „Meine Mutter hatte das Glück, verschont zu werden, weil ich als Kind immer dabei war."

Otmar Alt ist damals kaum fünf Jahre alt. Aus dieser Zeit sind nur Erinnerungsfetzen geblieben wie der gellende Klang der Sirenen, der nächtens jäh die Menschen aufschreckte und sie verängstigt in die völlig überfüllten Luftschutzbunker trieb. Dann das Herannahen der Bomber, die zum Schluss Nacht für Nacht über der Stadt röhrten und ihre tödliche Last abwarfen.

„Eines Morgens kamen wir aus dem Keller hoch in unser Haus. Da standen nur noch die Küche und der Flur. Alles andere war weg", erinnert sich der Künstler. Eingebrannt in das Gedächtnis sind das dumpfe Krachen der Fliegerbomben, die donnernden Einschläge, das Flackern der Kerzen, Staub und Dreck sowie die schreckliche Angst, bei „der wir uns in die Hose gemacht haben".

Nachdem das Haus in der Droysenstraße in Schutt und Asche liegt, flieht die Familie mit ein paar letzten Habseligkeiten gen Potsdam und Babelsberg. Platz sich niederzulassen und neu einzurichten werden sie erst nach Beendigung des Krieges im Flecken Ragösen in der Mark Brandenburg finden. Bis dahin stolpern sie ziellos von einer Bleibe zur nächsten.

Otmar Alt zeigt auf seiner zeitgeschichtlich bestimmten Tafel das Ende des Krieges. Es ist die Schlacht um die Reichshauptstadt Berlin, die metaphorisch für die Befreiung Deutschlands vom Nationalsozialismus und zugleich sinnbildlich für die Brutalität des gesamten Krieges steht. Berlin brennt. Die einst so stolze Stadt liegt in Trümmern.

Der Betrachter sieht die Stadt in Flammen, eine zerbombte Kulisse, den zerschossenen Reichstag, das Brandenburger Tor und die Kaiser-Wilhelm-Gedächtniskirche, deren Ruine bis heute als Mahnmal erhalten geblieben ist.

Aus einem russischen Panzer, der im Vordergrund steht, lugen wie bei einer Karikatur zwei Mongolen hervor. Die Köpfe, die aus der Luke herausschauen, erinnern an Playmobilfiguren. Eine Irritation, die wie ein Kontrapunkt die plakative Eindeutigkeit dieses Bildes bricht.

Die Schlacht um Berlin, die Otmar Alt auf seiner Tafel festgehalten hat, war die letzte bedeutende Schlacht des Zweiten Weltkrieges in Europa. Sie dauerte vom 16. April bis zum 2. Mai 1945. Stalin schickte Tausende seiner Soldaten in diese Schlacht und forderte die Eroberung Berlins so bald wie möglich. Er wollte damit den Amerikanern unbedingt zuvorkommen, um so auch einen propagandistischen Sieg für die Sowjetunion und für sich als Machthaber zu verbuchen.

Die Rote Armee verlor in den Anfangstagen der Offensive circa 80.000 Mann. Viele von ihnen ließen beim Häuserkampf ihr Leben. Obwohl der Krieg für Deutschland schon lange verloren war, hatte Hitler noch am Ende befohlen, Widerstand bis zum letzten Mann zu leisten. Mit dem Volkssturm wurden tausende Kinder, Jugendliche und alte Männer in den letzten Wochen des Krieges geopfert. Die Alliierten mussten sich Straße für Straße die Stadt erobern, sich Haus für Haus zum Zentrum durchkämpfen.

Am Ende dieser Schlacht stand die Besetzung Berlins, der Reichshauptstadt des nationalsozialistischen Deutschlands, durch die Rote Armee. Die Kämpfe forderten Schätzungen zufolge etwa 250.000 Tote und 450.000 Verwundete. Mindestens 100.000 Tote waren Zivilisten.

Während des Zweiten Weltkrieges fanden mehr als 50 Millionen Menschen den Tod, darunter nicht nur viele Soldaten, sondern auch – charakteristisch für den „modernen Krieg" – zahllose Zivilisten wie zuletzt beim Atombombenabwurf über Nagasaki und Hiroshima am 6. und 9. August 1945, mit denen die Amerikaner die Japaner zur Aufgabe zwangen. Am stärksten betroffen war die Sowjetunion mit etwa 17 Millionen getöteten Zivilpersonen und 8,6 Millionen Soldaten.

Berlin 1945

… vor der Gedächtniskirche

… am Potsdamer Platz

… vor dem Brandenburger Tor

1945-1950 Ragösen, die trügerische Idylle

Die Familie hat sich nach dem Krieg in einem winzigen Straßendorf in Ragösen, einem Ortsteil von Belzig, niedergelassen. Kaum mehr als 1.200 Einwohner leben in diesem verlorenen Flecken der Mark Brandenburg, erinnert sich der Künstler.

Das Dorf liegt etwa elf Kilometer nördlich der Kreisstadt Belzig im Naturpark Hoher Fläming. Das imposanteste Bauwerk befindet sich in der Ortsmitte. Es ist die 1910 rekonstruierte evangelische Kirche, in der Vater Alt als Kantor und Organist seinen Dienst tun wird. Hier wird er einen Kirchenchor aufbauen und mit harter Hand führen. Der Künstler hat als stilles Zeichen des Protestes der Kirchturmspitze kein Kreuz, sondern als Ausdruck der Freiheit einen Zylinder aufgesteckt. Dieser Zylinder, ein freimaurerisches Zeichen, überragt die Begrenzung der Tafel, so als hebe der Künstler weithin sichtbar noch heute die geballte Faust.

Otmars Vater findet als Schulleiter in der örtlichen Grundschule eine Anstellung. An eine Fortsetzung der Karriere als Gymnasiallehrer ist nicht zu denken. Die letzten Jahre bis zu seiner Pensionierung wird er in dieser Zwergschule seinen Dienst tun.

Nach dem „Brennenden Berlin" erscheint diese Tafel wie aus einem Bilderbuch. Helle, leuchtende und freundliche Farben, eine idyllische Szenerie, die endlich auf glücklichere Tage hinzudeuten scheint. Aus dem Himmel stürzt kopfüber ein Harlekin wie ein gefallener Engel. Ein ambivalentes Zeichen. Über allem spannt sich ein Regenbogen als Symbol der Hoffnung.

Doch die Idylle trügt. Es ist dies die Verklärung einer Jugend, an die der Künstler Otmar Alt sich heute nur noch ungerne erinnert. Denn hinter dieser Bilderbuchwelt lauerte das unerbittliche Erziehungswerk seines übermächtigen Vaters. „Wann hört es endlich auf?", war die bange Frage, die den jungen Otmar Tag und Nacht begleitete. Ohnmacht und Angst waren in diesen Jahren seine stärksten Gefühle.

Wieder tauchen Vater und Mutter in diesem Bild nicht auf, so als leugne der Künstler bis heute deren Existenz. Sichtbar allerdings ist der Teppichklopfer, mit dem der kleine Otmar wiederholt gezüchtigt wird und mit „Dresche" auf die rechte Bahn gebracht werden soll.

Otmar und seine erste Freundin

Er genießt in der kleinen Gemeinde von Ragösen den allergrößten Respekt. Zusammen mit dem Bürgermeister und dem Pfarrer stellen sie das übermächtige Triumvirat, das die Geschicke des Ortes bestimmt und leitet.

Der Junge in der rechten Ecke der Tafel, das ist Otmar, der Bub in fescher Lederhose, die linke Hand lässig in der Hosentasche.

Der junge Otmar steht neben seiner allerersten Freundin, die er hier im Ort kennen gelernt hat. Sie mag Gertrud, Elisabeth oder Susanne geheißen haben. Achselzucken. Der Künstler kann sich nicht mehr an ihren Namen erinnern. Nur an die innige Freundschaft, die er mit der Tochter des Nachbarn aufgebaut hatte.

Natürlich war dieses zarte Verhältnis dem herrischen Vater ein Dorn im Auge, und so wurde der Kontakt unterbrochen, wann immer es sich aus erzieherischen Gründen anbot. Und Gründe fanden sich zuhauf.

Dann blieb den beiden nichts anderes übrig, als über den kleinen Bach hinweg, der durch das Grundstück plätscherte oder durch die Latten des Zaunes zu spielen, der die Nachbargärten voneinander trennte. So konnte die Beziehung und Freundschaft auch in den dunkelsten Tagen der Kindheit aufrechterhalten werden. Man spendete sich gegenseitig Trost.

Dieser Trost war offenbar dauernd gefragt. Der Vater suchte und fand immer wieder neue Gründe, sich in erzieherischer Manier an seinem Sohn zu vergreifen. So wurde aus dem Musikunterricht ein fortwährender Kampf.

Nachvollziehbar, dass der Musiklehrer und Kantor des Ortes alles daransetzte, um seinen Sohn dazu zu bringen, ein Instrument zu erlernen. Mit sechs Jahren begann Otmar mit seinem Klavierunterricht. Etüden hin, Etüden her – bis die Finger müde waren. Und da nicht Motivation und Begeisterung Pate standen, sondern Zwang, rührte sich immer wieder der Widerstandsgeist. Unzählige Male gab es daraufhin Schläge und Strafen. Stubenarrest und Spielverbot.

Protest, Wut und Trotz brachen sich darüber wiederholt Bahn. Bis zu jenem Augenblick, da Otmar in tiefster Verzweiflung aus alten Zeitungen und Wasser eine klebrige Pampe anrührte und sie voller Wut in das verhasste Klavier schüttete, um dieses endgültig zum Schweigen zu bringen. Kaum vorstellbar, was Vater Alt mit ihm angestellt hat, als er diesen Ausdruck des Trotzes gewahr wurde. War denn sein Sohn von allen guten Geistern verlassen?!

Im Mittelpunkt des Tafelbildes sehen wir die Kirche und die Dorfschule. Auch hier summierten sich die Anlässe, Fehlverhalten zu ahnden. „Mein Vater war ein sehr korrekter Mensch, dem nichts so verhasst war wie die Unpünktlichkeit", blickt Otmar Alt zurück. Auch das ist ein fortwährender Anlass zu Züchtigungen. Wie ein später Protest hat der Künstler daher die Kirchenuhr mit einer echten Uhr ausgestattet. Das reale Uhrwerk bricht die geschönte Welt der Erinnerung.

Otmar inmitten seiner Schulklasse

Es war die Zeit, da der Jugend Zucht und Ordnung vorzugsweise dadurch beigebracht wurde, indem sie mit allerlei verantwortungsvollen Aufgaben betraut wurde, über deren Erledigung selbstredend sorgfältig gewacht wurde.

Für die Waschküche mit ihrem gewaltigen Kupferkessel, unter dem ein Holzfeuer prasselte, wurde Otmar verpflichtet, stundenlang mit einem mächtigen Holzprügel die Wäsche in Bewegung zu halten wie beim Rüben- oder Apfelkraut, das im Herbst jedes Jahres in diesem Topf gebraut wurde und ständig gerührt werden musste, um nicht anzubrennen. Es braucht nicht viel Fantasie, um sich vorzustellen, was bei der Erledigung dieser Pflichten alles schief gehen konnte.

Selbst die Aufgabe, regelmäßig aus altem Zeitungspapier jene Papierschnipsel zu schneiden, mit denen man sich auf dem Donnerbalken des Plumpsklos den Hintern abzuwischen hatte, wurde kontrolliert und gab zu erzieherischen Maßnahmen vielfältigen Anlass.

An eines jener unheilvollen Ereignisse erinnert sich der Künstler bis heute. Um ein bisschen Geld zu verdienen, hatte man in der Schule eine kleine Zucht von Seidenraupen aufgebaut. Eine Aufgabe, die viel Sorgfalt, Umsicht und größtes Pflichtgefühl verlangte. Der junge Otmar war eingesetzt, jeden Tag dafür zu sorgen, dass die Raupen genügend Blätter des Maulbeerbaumes zu fressen bekamen, deren stilisierte Form im Bild als Blumen zu erkennen sind. Es kam, wie es kommen musste. Eines Tages fehlte der Nachschub und die kostbaren Raupen verhungerten. Alle vorherige Mühe war dahin. Und Otmar hatte abermals eine bittere Strafe zu erleiden.

Otmar träumt in diesen Tagen am liebsten von seiner Zukunft. Beruf und Arbeit sollen ihn dereinst befreien. „Doch niemals, niemals werde ich ein Musiker", schwört er sich. „Maler werden – das könnte mir schon gefallen."

1950-1965 Berlin und Rosinen im Kopf

Die Familie zog um die Stadt, so als wartete sie auf einen günstigen Zeitpunkt, sie wieder neu zurückzuerobern. Von Ragösen aus zieht man weiter nach Wilhelmshorst, einem Ortsteil der Großgemeinde Michendorf im Landkreis Potsdam-Mittelmark. Abermals bleibt man unmittelbar vor den Toren der ehemaligen Reichshauptstadt.

Dann endlich, 1951, ist die Familie Alt wieder zurück. Trümmergrundstücke bestimmen immer noch das Stadtbild, obwohl der Wiederaufbau unmittelbar nach der Währungsreform 1948 dank der Hilfe der Alliierten und der wirtschaftlichen Unterstützung aus den USA zügig vorangeht. In der Erinnerung des Künstlers ist der Neustart der Familie Alt in Berlin noch unmittelbar mit dem Eindruck der Luftbrücke verknüpft. Daher schwebt in der rechten oberen Ecke der Bildtafel auf einer Schwarz-Weiß-Fotografie eine amerikanische DC-4 Transportmaschine.

Zwischen dem 23. Juni 1948 und dem 12. Mai 1949 muss der Westteil der Stadt von den Alliierten komplett aus der Luft versorgt werden, um eine Annexion durch die sowjetischen Besatzer zu verhindern. Auf dem Flughafen Tempelhof landen teilweise im Minutentakt die sogenannten „Rosinenbomber", die die Stadt mit Lebensmitteln, Arzneien und Heizkohle unterstützen. Rund 2,34 Millionen Tonnen Fracht gelangen bei den etwa 278.000 Flügen in die Stadt und erhalten die Menschen so weiter am Leben. Zur Erinnerung an diese spektakuläre Aktion und die Opfer wurde 1951 in Berlin das von Eduard Ludwig geschaffene Luftbrückendenkmal am Platz der Luftbrücke vor dem Flughafen Tempelhof errichtet. Dieses Denkmal ist ebenfalls auf der Bildtafel zu sehen.

Für die Familie Alt heißt es in dieser Zeit: Platz ist in der kleinsten Hütte. Das Geld reicht gerade mal für eine kleine Ein-Zimmer-Wohnung in der Sybelstraße 40, im Stadtteil Charlottenburg.

Der Vater lebt meistenteils von der Familie getrennt. Unter anderem, weil er als politischer Gefangener in Perleberg in der DDR einsitzt. Als Herrenhuter hatte er sich mit keiner Ideologie anfreunden können, weder mit der nationalsozialistischen noch mit der kommunistischen. Immer saß er zwischen den Stühlen und wurde hüben wie drüben verdächtigt. „Er war ursprünglich ein stolzer, beinahe trotziger Mann gewesen", erinnert sich der Künstler. „Als er aus dem Gefängnis zurückkam, war er jedoch ein gebrochener Mensch."

In der Zeit, in der der Vater in der Wohnung ist, teilt sich der zehnjährige Otmar das Bett mit seiner Mutter. Der Vater braucht seine Ruhe und beharrt auf eine eigene Schlafstätte. Er hat Schwierigkeiten seine Pension durchzusetzen und kann daher die Familie nicht unterhalten. Um ein bisschen Geld hinzuzuverdienen, verdingt er sich unter anderem als Schulbuchvertreter. Außerdem ist er für ein Busunternehmen tätig und arbeitet als Reiseleiter auf dem sogenannten „Bayern-Express", der regelmäßig Berlin mit der bayerischen Landeshauptstadt verbindet.

Otmar ist in der Zeit oft allein zu Haus. Er wird zum Schlüsselkind. Ihm ist es sowieso am liebsten, wenn er von seinen Eltern nicht behelligt wird. „Der Ärger fing meistens morgens beim Frühstück an. Kaum war mein Vater aus dem Haus, dann machte mich meine Mutter mit ihrem Putzfimmel verrückt." Zum Frühstück gab es Muckefuck statt Bohnenkaffee. Der Speisenplan wird durch einfachste Gerichte bestimmt: Kartoffeln mit Schmorgurke in Senfsauce, Verlorene Eier mit Kartoffeln, Bauernfrühstück mit Speck. Fleisch bleibt lange die Ausnahme.

Erste Band mit Otmar (r.) trägt den Namen „Hot four"

Eine Schlachtplatte mit Blut- und Leberwurst war eine echte Delikatesse. Otmar beendet mit dem Einjährigen, also der Mittleren Reife, die Schule. „Ich bin nie ein guter Schüler gewesen", erinnert er sich mit Grausen an seine Schulzeit, „sehr zum Leidwesen meines Vaters, der nur zu gerne gesehen hätte, wenn aus mir etwas geworden wäre." Aber in dessen Augen bestätigt sich sein Sohn auch in der Schule als ein schwer erziehbarer Taugenichts.

Die amerikanische Kultur erobert die Jugend. Allen voran begeistern der Swing und der Jazz. Die neuen Idole sind Hollywood-Stars wie Marilyn Monroe und Jane Mansfield (auf der Bildtafel ist ein Bild des Fotoreporters Robert Lebeck zu sehen) oder sie heißen Glenn Miller und Benny Goodman und natürlich: Mickey Mouse. Anfang der 50er erscheint die deutsche Ausgabe der Comic-Zeitschrift „Mickey Mouse". Die Comicfigur tritt ihren Siegeszug durch die westliche Kultur an. Und Otmar skribbelt das Bild dieser unsterblichen Ikone des „American way of life". Für den Vater erneut ein Zeichen dafür, dass er mit seiner Erziehung versagt hat.

Als er eines Tages in die Schule einbestellt wird, um über eine neue Missetat informiert zu werden, verdrischt der Vater seinen Sohn vor den Augen seiner Mitschüler. Otmar hatte während einer Übungsstunde fröhlich und ganz ahnungslos das Horst-Wessel-Lied vor sich hin gepfiffen. „Weil es einfach so schön und einfach zu singen war. Ich habe mir nichts dabei gedacht."

Studie Mickey Mouse und Piggy

Der Strom der verhärmten und abgemagerten Heimkehrer aus den Kriegsgefangenenlagern reißt immer noch nicht ab. Auch fast zehn Jahre nach Kriegsende kehren immer noch ehemalige Soldaten der deutschen Wehrmacht aus Internierungslagern zurück und haben es schwer, in ihrer neuen, alten Heimat wieder Fuß zu fassen. Denn die hat sich in der Zwischenzeit verändert. Berlin ist und bleibt eine der wichtigsten Anlaufstationen. Die Ankunft von ehemaligen Kriegsgefangenen gehört zum Alltag. Erst 1956 gelingt es unter dem Kanzler Konrad Adenauer, nach langen zähen Verhandlungen, die letzten deutschen Soldaten aus den sowjetischen Gefangenenlagern zu befreien.

Am 4. Juli 1954 findet im Berner Wankdorf-Stadion vor 65.000 Zuschauern das Endspiel der Fußball-Weltmeisterschaft statt. Die deutsche Fußball-Nationalmannschaft steht der haushoch favorisierten Nationalmannschaft Ungarns gegenüber. Das Endspiel endet mit einem 3:2 für Deutschland. Die Spieler und Bundestrainer Sepp Herberger gehen daraufhin als die „Helden von Bern" in die deutsche Sportgeschichte ein.

Der Titelgewinn löst in Deutschland einen wahren Freudentaumel aus. Neun Jahre nach Ende des Zweiten Weltkrieges erweckt der internationale Auftritt ein ganzes Volk, nach den Entbehrungen und Depressionen der Nachkriegszeit, zu einem neuen Selbstbewusstsein. Das deutsche Wirtschaftswunder kann seinen Lauf nehmen.

Bis zum Ende der 1950er Jahre entwickelte sich die Bundesrepublik dank Marshall-Plan und der liberalen Wirtschaftspolitik eines Ludwig Erhard nach den USA zur zweitstärksten Wirtschaftsnation der Welt. Das Wirtschaftswunder erreicht auch die Bevölkerung. Statt zum Fernsehen in die Eckkneipe zu gehen, zieht der eigene Fernsehapparat, vorzugsweise in der Form einer luxuriösen Fernsehkommode, in das heimische Wohnzimmer ein. Und das eigene Auto muss kein Traum mehr bleiben. Die Flitzer heißen VW Käfer, Borgward Isabella, Messerschmidt Kabinenroller, BMW Isetta und Opel Kadett. Sie begründen eine neue Mobilität, an deren Spitze in wenigen Jahren die Urlaubsreise ins Ausland stehen wird.

Helmut Rahn, der Retter der deutschen Mannschaft

Der französischer Maler, Grafiker und Keramiker Fernand Léger, der den Künstler Otmar Alt später durch seine Arbeiten inspirieren wird, stirbt am 17. August 1955 in Gif-sur-Yvette bei Paris. Im Mittelpunkt des Tafelbildes sieht man deshalb eine Zeichnung des Künstlers Fernand Léger.

Otmar erinnert sich an seinen Wunsch, Maler werden zu wollen und wählt den Beruf des Dekorateurs und Plakatmalers. Seine Lehrstelle findet er im legendären Karstadt-Kaufhaus am Hermannplatz. Vor dem Krieg war es das größte Kaufhaus des Konzerns, eine Attraktion der Stadt, und auch nach dem Krieg – nach einigen Umbauten – ist es wieder ein echter Besuchermagnet. Eine Besonderheit des Kaufhauses wird auf der Bildtafel angedeutet: Es ist zu diesem Zeitpunkt das einzige Kaufhaus der Welt, das eine eigene U-Bahnstation hat.

Am 4. Oktober 1957 startet der erste sowjetische Satellit, der eine Erdumlaufbahn erreicht. Der als Sputnik bekannte Satellit gilt als Startschuss der sowjetischen Raumfahrt. Schon wenige Monate später gelangt mit der Sputnik 2 der Schäferhund Laika als erstes Lebewesen auf einen Orbit. Die Satelliten der Sowjetunion lösen in der westlichen

Otmar (l.) mit seinem Freund Hans (Mitte) während der Lehre als Schaufenstergestalter

Geige spielender Tukan als Symbol für Hans Geiger

„Otmar ist heute so etwas wie eine Ikone in der Kunstszene, mit großer Schaffenskraft, bewunderungswürdiger Kreativität und nimmermüdem Optimismus, mit viel Anerkennung und Auszeichnung." **Hans Geiger**

Welt geradezu einen Schock aus und initiieren dadurch in den USA ein gigantisches Raumfahrtprogramm. Man setzt alles daran, um die Niederlage beim Wettlauf ins Weltall abzuwenden. Das Ziel: Es sollen amerikanische Astronauten sein, die als erste auf dem Mond landen.

Der Vater von Otmar kommt 1957 bei einem Verkehrsunfall ums Leben. Er wird von einem unachtsamen Autofahrer überfahren, als er den Hohenzollerndamm überqueren will.

Kaum ist der herrische Vater tot, steht Otmar bei Karstadt einem Ausbilder und Lehrherren gegenüber, der in seiner Willkür und seiner Strenge dem ungeliebten Vater in nichts nachsteht. Lehrjahre sind eben keine Herrenjahre.

Otmar lernt während der dreijährigen Lehrzeit Hans Geiger kennen, der bis heute zu seinen besten und engsten Freunden zählt. Auf der Tafel ist Hans Geiger durch einen Geige spielenden Tukan symbolisiert. Die ironische Anspielung weist bereits in die Zukunft, denn der Freund wird eines Tages den Vogelpark in Walsrode leiten, der seinerzeit zum größten Vogelpark der Welt ausgebaut und entwickelt wurde. Der Tukan ist das Wappentier des Vogelparks.

Die Lehre als Schaufenstergestalter schließt Otmar im Jahr 1958 erfolgreich ab. Der Vater wäre wohl ein bisschen stolz gewesen, denn Otmar besteht seine Gesellenprüfung dank hervorragender Noten mit Auszeichnung und bekommt sogar einen Preis dafür zuerkannt. Während der Berufsausbildung entwickelt sich ein verstärktes Interesse an Mode. Er will Modezeichnung studieren. Im Jahr 1959 beginnt er daraufhin ein Studium an der Berliner Meisterschule für Kunsthandwerk. Im stark verschulten Lehrbetrieb stehen unter anderem auch Ausstellungsbau und Typographie auf dem Lehrplan.

Noch während seiner Lehrzeit ergänzt er seine musikalische Bildung, die bislang nur im verhassten Klavierunterricht bestanden hatte, durch Musikstunden in Klarinette und Saxophon. Geübt wird unter anderem im Tiefkeller unter dem Karstadthaus, wahrscheinlich ein ehemaliger Luftschutzkeller, den er oftmals zusammen mit Freund Hans Geiger als Strafarbeit seines Ausbilders fegen muss. Hier klingen die Instrumente wegen des Schalls besonders gut.

Otmar gründet zusammen mit ein paar Musikerfreunden die Jazzband „Selfworkers", mit der er in wechselnden Besetzungen, „je nachdem, wer gerade von uns Zeit und Lust hatte", durch die Berliner Jazzkeller und Kneipen zieht. Die Gage bessert das

Lehrlingsgehalt ein bisschen auf. Oft müssen ein paar Gläser Bier und eine warme Mahlzeit reichen.

1960 beginnt Otmar mit seinem Studium an der Hochschule für Bildende Künste zu Berlin. Die Aufnahmeprüfung zur Hochschule liegt so ungünstig, dass er dadurch seine Prüfung an der Meisterschule verpatzt und ohne einen Abschluss ausscheidet. Er wird in die Vorklasse bei Professor Walter Bergmann in der Abteilung „Angewandte Kunst" aufgenommen. Zusätzlich nimmt er am Aktzeichnen bei Professor Hermann Bachmann teil, wodurch er in dessen Klasse wechseln kann. Am Institut unterrichten zu der Zeit unter anderem Karl Hartung, Bernhard Heiliger und Ulrich Knispel.

Am 13. August 1961 wird in Berlin mit dem Bau der Mauer begonnen, die die drei Westsektoren der Stadt von der DDR trennt. Für West-Berlin bedeutet dies, dass man sich auf einer Art Insel befindet. Berlin ist komplett von einer unüberwindlichen Demarkationslinie umzäunt, an deren Todesstreifen mit Selbstschussanlagen und einem Schießbefehl für die Grenzer der DDR bis zum Fall der Mauer im Jahr 1989 etwa 190 „Republikflüchtlinge" durch Todesschüsse ermordet werden, sowie an der innerdeutschen Grenze und an der Seegrenze (Ostsee) etwa 400 Personen.

Innerhalb weniger Wochen wird die Zonengrenze, als Grenze zwischen der Bundesrepublik und der DDR, befestigt. Es existierten 870 Kilometer Grenzzaun, dazu auf 440 Kilometer Selbstschussanlagen, 230 Kilometer Minenfelder, 602 Kilometer Kfz-Sperrgräben und 434 Beobachtungstürme.

Die Mauer und das für den Westen verbarrikadierte Brandenburger Tor werden zu Fanalen der Trennung von Ost und West. Der „Eiserne Vorhang" wird zum Synonym für den „Kalten Krieg".

Der Kunststudent Alt bleibt eher unbeeindruckt von den politischen Ereignissen in Berlin und schult sich an der Hochschule im Malen nach der Natur. Er orientiert sich aber bereits in Richtung abstrakte Malerei. 1964 wird Alt Meisterschüler bei Hermann Bachmann.

Gemeinsam mit Waldemar Grizmek bezieht Alt ein Atelier in der Görresstraße im Stadtteil Schöneberg. Dieses Atelier hatte ursprünglich einmal dem Bildhauer Richard Scheibe gehört. Hier entsteht eine große Anzahl informeller Arbeiten.

Der Künstler steht in den Startlöchern. Die Vorarbeiten für den ersten öffentlichen Auftritt scheinen vollendet, mit dem Otmar Alt wie mit einem Paukenschlag, die künstlerische Bühne betreten wird.

„Paradiesvögelchen", 1965

1966 Alles für den Katz

Otmar mit Krachmacher Paule

Otti du jazz

Das Leben wird für den Künstler Otmar Alt von Tag zu Tag bunter, was durchaus im doppelten Sinne gemeint ist. Er arbeitet fleißig für seine erste Einzelausstellung, und er genießt zugleich das Künstlerleben in vollen Zügen.

Das nötige Kleingeld hat er sich nebenbei verdient: Zuerst freilich nur als Musiker, Plakatmaler und Bühnenbildassistent. 1965 arbeitet er als Bühnenbildassistent am Neuen Theater in Trier an der Inszenierung eines Lope de Vega-Stückes. 1966 wird er in gleicher Funktion am Theater am Turm in Frankfurt unter Claus Peymann engagiert.

Auf dieser Bildtafel porträtiert der Künstler sich gleich doppelt und dreifach: So steht er als Maler mit roter Clownsnase vor seiner Staffelei und malt ein Schaf. Unwillkürlich denkt man dabei an den „Kleinen Prinz" von Antoine de Saint-Exupéry. Doch dieses Schaf steht zugleich stellvertretend für die spätere Nachbarin in Hamm-Norddinker, Susi Brandtscheit, die 1966 geboren wurde. Auf die Frage des Künstlers, wie sie denn auf einer der Tafeln verewigt werden möchte, erklärt sie: „als Schaf."

Gleich daneben eine Art Selbstporträt des Künstlers. Diesmal in seiner Rolle als Klarinettist mit schrillgrüner Sonnenbrille und umrahmt von seinen Musikerfreunden der „Selfworkers".

Die Bildende Kunst vereinigt sich mit der Lebenskunst und Lebenslust: Die gefeierte Avantgarde der französischen Künstlerkollegen hatte es schließlich vorgemacht. Das pralle Leben erobert die Ateliers. Neben Kaffee und Kuchen warten die Flasche Rotwein und die Flasche Schnaps. Alles ist eine einzige Party.

„Die Bildersprache Otmars war und ist mehr der heiteren, der träumerischen, der märchenhaften und tierverbundenen Welt verhaftet. Eine Leichtigkeit des Seins spielt in seinem umfangreichen Werk eine bedeutende Rolle." **Peter Müller**

Klasse Hermann Bachmann

Fünf „Pilzköpfe" erobern als „The Beatles" die Konzerthallen und die Musikcharts auf der ganzen Welt. Sie verkörpern ein neues Lebensgefühl und lösen die Zeit der amerikanischen Big Bands und des Swing mit einem Mal ab. Kreischende Massen begleiten die Auftritte der fünf aus Liverpool. Auch die deutsche Jugend liegt den neuen Idolen zu Füßen. Lange Haare werden zum ersten Symbol für den Tabubruch und für die aufbrechende Rebellion der Jugend gegen die biederen Alten.

Wie zum Zeitvertreib frönt man in der Künstlerszene einem hedonistischen Lebensstil, bei dem freie Liebe und lustvolle Promiskuität ausgelebt werden, übrigens bevor dies durch die Kommunarden der berühmten Kommune 1 mit allerlei politischem Brimborium garniert provozierend und medienwirksam ausgebreitet wurde. Wir schauen dem abgebildeten Eromanen bei seinem munteren Treiben nicht ins Gesicht, sondern ganz diskret auf seinen Allerwertesten, als der sich in einer Missionarsstellung mit einer Rothaarigen vergnügt. Ob damit der junge Künstler höchstpersönlich gemeint ist oder ein Kollege, bleibt offen.

Ein keuscher Junggeselle war der Künstler in diesen Tagen laut seinem Bekenntnis nicht. Als Musikus und Maler galt er in der Szene längst als ein „bunter Vogel", den man gerne im Atelier mal besuchte. Die Versuchungen für einen attraktiven Künstler waren mannigfaltig, selbst als er auf einer Party die junge und höchst attraktive Pharmazeutin Inge Papenfuß kennen lernt. Der Künstler nennt sie mit leiser Ironie nur „Pinguin". „Sie sah tatsächlich wie ein Pinguin aus. Das war ihr Markenzeichen: Sie kleidete sich am liebsten in Schwarz-Weiß und hatte einen unverwechselbaren Watschelgang."

Der Künstler ist von dem exstatischen Lebenshunger seiner Geliebten begeistert und überwältigt, zumal sie ihn auch finanziell freihält und dafür sorgt, dass sie am Ende der Kantstrasse in eine große Wohnung im Erdgeschoss des Hochhauses am Lietzensee einziehen können. „Pinguin" wird die Muse des Künstlers und inspiriert ihn zu einer Vielzahl von Arbeiten. Sie beteiligt sich am lustvollen Treiben in den Ateliers, geht mitunter aber auch ihre ganz eigenen Wege.

„Pinguin" mit „Vogel Pierre"

Eines Tages haut er für einige Zeit nach Paris ab. Am Ende des Jahres 1966 aber werden Inge Papenfuß und Otmar Alt sich zusammentun: Sie heiraten in Berlin.

Es ist ein unstetes Jahr mit wechselnden Eindrücken. Ausstellungen und Arbeit im Atelier auf der einen Seite, Reisen und die Begegnung mit neuen Menschen auf der anderen Seite. So reist der Künstler in diesem Jahr über den großen Teich nach Amerika und Kanada, um sich dort inspirieren zu lassen.

Über allem schwebt wie als Leitmotiv eine Anspielung auf das großartige und monumentale Werk von Pablo Picasso, das Otmar Alt in diesem Jahr für sich entdeckt.

Gleich mit seiner ersten Einzelausstellung in Berlin landet Otmar Alt einen Coup: Die bekannte Galerie Werner & Katz am Kurfürstendamm präsentiert 18 Gemälde und eine Reihe von Zeichnungen des bis dahin noch unbekannten Künstlers. Nachdem die Galerie zuvor durch ihre Ausstellung mit Bildern von Georg Baselitz in die Schlagzeilen gekommen war, ist ihr freilich die Aufmerksamkeit der Medien sicher.

Kurz zuvor hatten in der Galerie Werner & Katz die Gemälde „Große Nacht im Eimer", das einen onanierenden Knaben zeigt und „Der nackte Mann" einen Skandal ausgelöst. Die Bilder wurden konfisziert. Durch entsprechende Schlagzeilen und die abfällige Berichterstattung in der BILD-Zeitung war das Berliner Publikum aufgebracht. Man fürchtete Anschläge auf die Galerie.

Der belgische Fotograf und Künstler Benjamin Katz, der nach seinem Studium an der Hochschule für Bildende Kunst in Berlin eine Galerie eröffnet hat, erkennt das Potenzial des jungen Otmar Alt. Doch ohne ein zusätzliches finanzielles Engagement seitens des Künstlers lässt der sich nicht zu einer Präsentation überreden. Otmar Alt verkauft daraufhin seinen klapprigen OPEL Kapitän, der sich sowieso als Ölfresser entpuppt hat, um mit dem Erlös die Vernissage in der Galerie bestreiten zu können.

Die Ausstellungseröffnung wird eine ekstatische Party. Es heißt: „Hoch die Becher, hoch die Tassen." Bei einem solchen Event konnte man als Veranstalter leicht arm werden. Der Künstler nimmt am Ende der Veranstaltung den Galerieschlüssel an sich, um in den Morgenstunden des folgenden Tages das Chaos in der Galerie zu lichten und die Ausstellung wieder präsentabel zu machen. Lange bevor der Galerist in seinem Geschäft erscheint, hat Otmar Alt schon die ersten Besucher empfangen und Verkäufe getätigt. Die außergewöhnliche Vernissage hat sich schnell herumgesprochen.

Erste Ausstellung: Der Galerist Katz ist von seinem Künstler Otmar Alt (r.) begeistert

Otmars erstes Berliner Atelier

Galerist und Künstler sind gleichermaßen vom Erfolg der Ausstellung überwältigt. Die Zeichnungen und Gemälde, deren Preis zwischen 180 und 500 DM liegen, werden ihnen förmlich aus der Hand gerissen. Alle Exponate finden ihre Käufer. Der Künstler muss kurzfristig weitere Arbeiten nachliefern. Auch wirtschaftlich hat sich die Ausstellung gelohnt. Galerist und Künstler bleiben in Feierlaune.

Dieser Erfolg bleibt auch den Medien nicht verborgen. Renommierte Kunstkritiker wie Will Grohmann, Gottfried Sello und auch der Chefredakteur der renommierten Kunstzeitschrift „Das Kunstwerk" sind von den Arbeiten Otmar Alts angetan und berichten positiv über die Ausstellung, was das Interesse der Kunstszene entfacht und erste Sammler auf den Plan ruft. Der Rubel rollt. Otmar Alt ist buchstäblich über Nacht zum angesagten Künstler avanciert.

1967-69

Der Griff nach den Sternen

Die Jahre zum Ende der 60er werden in der Bundesrepublik zum Synonym für einen radikalen Paradigmenwechsel. Das politische und gesellschaftliche Spannungsfeld ist groß. Während die Menschheit medizinisch mit der ersten Herztransplantation und mit der Mondlandung der Amerikaner im übertragenen Sinne nach den Sternen greift, wird das Leben in der geteilten Stadt in besonderer Weise durch den Ost-West-Konflikt bestimmt und durch eine neue Aufbruchstimmung, die durch die Studentenbewegung ihren Ausdruck findet.

Otmar Alt wird in diesen Jahren angetrieben von seinen ersten Erfolgen und der Anerkennung, die ihm durch die Kunstkritik zuteil wird. Er schafft unermüdlich weiter fort und erinnert sich: „Meine Bilder gingen weg wie geschnitten Brot." 1967 beteiligt er sich mit seinen Arbeiten an verschiedenen Ausstellungen in der Bundesrepublik. Er schließt erste Vereinbarungen mit so bekannten und angesehenen Galerien wie Weitzenhoffer in New York und der Galerie Thomas in München.

Im Jahr 1967 bekommt Otmar Alt von Januar bis Februar seine zweite vielbeachtete Einzelausstellung. Diese Ausstellung wird von der Galerie Niepel in Düsseldorf ausgerichtet. Dort erscheint in einer Auflage von 700 Stück ein erster Ausstellungskatalog mit den Abbildungen der gezeigten Ölgemälde und Zeichnungen.

Im gleichen Jahr erhält Alt während seiner Beteiligung an der Münchner Ausstellung „Collage ´67" seine erste öffentliche Auszeichnung. Er wird mit dem Franz-Roh-Preis geehrt, der nach dem 1965 gestorbenen deutschen Fotografen, Kunsthistoriker und -kritiker ins Leben gerufen worden war. Der Künstler zeigt während der Ausstellung das Bild „König Wolke", eine reliefartige Collage.

Im darauf folgenden Jahr entsteht ein großes Puzzle als Jahresgabe für den Kunstverein der Rheinlande und Westfalen. Außerdem setzt sich der Künstler mit neuen Materialien auseinander. Es entstehen Linoldrucke für das Buch „Pinguin". Im Jahr 1968 entsteht auch die Mappe „Pic-Nic" mit zahlreichen Grafiken, die wie Puzzles aufgebaut sind.

Im Jahr 1969 liegt der Beginn der Auseinandersetzung mit der Plastik. Es entstehen erste Skulpturen aus Keramik. Sie werden im gleichen Jahr im Städtischen Museum Bonn ausgestellt. Eine zweite Serie sind die ersten Bronzen, unter ihnen der „Stier von den Osterinseln".

Noch im selben Jahr reist der Künstler nach Island und Grönland. Die Eindrücke verarbeitet er in Aquarellen und Gouachen, die anschließend im bekannten Kunstkabinett Hanna Bekker vom Rath in Frankfurt ausgestellt werden. Parallel zur Ausstellung erscheint ein kleiner Ausstellungskatalog

Plakat, das den Franz-Roh-Preis gewinnt

„Stier von den Osterinseln", Bronze

Illustration aus dem Buch „Kinguine"

mit dem Titel „Isländische Impressionen. Ölbilder, Mischtechniken, Zeichnungen, Druckgraphik". Der Katalog hat einen Umfang von 16 Seiten und wird im Selbstverlag Kunstkabinett Hanna Bekker vom Rath veröffentlicht.

Es folgen Ausstellungen in der Kunsthalle Kiel und in einer Galerie in der Böttcherstraße in Bremen. Auch international werden die Arbeiten von Otmar Alt bekannt. Bei Gimpel in London und bei Weitzenhoffer in New York gibt es vielbeachtete Präsentationen.

Im gleichen Jahr erscheinen auch in der Auflage von 100 Stück Radierungen unter dem Titel „Geschichten vom Räuberschiff". Die Blätter „Geschichten vom Räuberschiff" handeln von fantastischen Erzählungen, die auf allen sieben Weltmeeren spielen.

Außerdem erscheint unter dem Titel „Kinguine" für die Galerie Schmücking eine kleine Serie mit Linolschnitten. Diese Motive wurden mit Begleittexten als Buch gebunden. 500 nummerierte Bücher dieser Art entstanden. 100 Büchern der Vorzugsausgabe wurde jeweils eine Seite nummerierter und signierter Blätter beigelegt.

Koinzidenzen: Im Jahr 1967 wird ein neues Kapitel in der Medizin aufgeschlagen: Dem südafrikanischen Mediziner und Herzspezialisten Professor Christiaan Barnard gelingt 1967 die erste Herztransplantation. Dem Patienten wird in einer fünfstündigen Operation im Groote-Schuur-Krankenhaus in Kapstadt das Herz einer im Alter von 25 Jahren tödlich verunglückten Frau verpflanzt. Die Operation ist erfolgreich. Der Patient überlebt den komplizierten Eingriff allerdings nur für 18 Tage.

1968 erschüttert der Krieg in Biafra (Nigeria) das Gewissen der Welt. Die Weltöffentlichkeit ist schockiert von Bildern des Elends. Sie bleiben unvergesslich eingebrannt. Zwei Millionen Ibos sterben durch Hunger und Krieg. Die Sowjetunion und Großbritannien versorgen die Zentralregierung mit Waffen und machen sich dadurch an dem Bürgerkrieg mitschuldig. Weltweit entstehen Biafra-Komitees, die auf die Leiden der Biafraner aufmerksam machen und die Spenden für die Unterstützung der Hungernden sammeln. Für viele Jahre ist der Hunger in Afrika mit den Bildern aus Biafra verknüpft.

Galerie Schmücking, Braunschweig

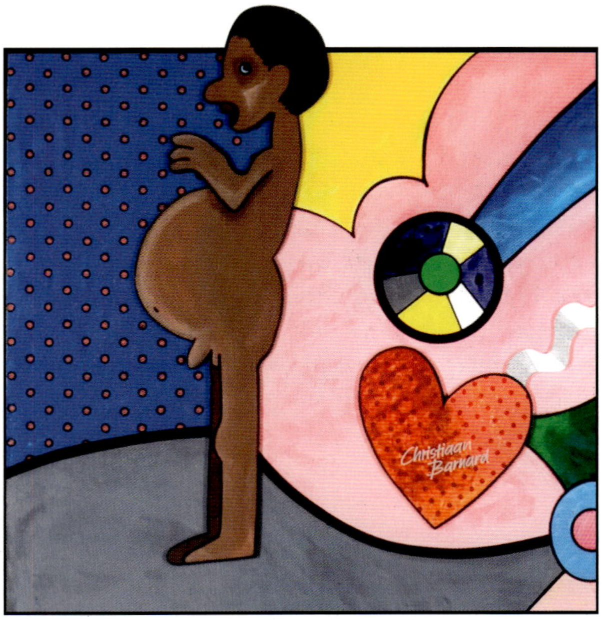

Ausschnitt aus dem Bild

In Berlin wird 1968 die Neue Nationalgalerie am Kulturforum Berlin eröffnet. Der Bau des Museums stammt von Bauhaus-Architekt Ludwig Mies van der Rohe und gilt als Ikone der Klassischen Moderne. Der lichte Kunsttempel beherbergt die Kunst des 20. Jahrhunderts der Nationalgalerie.

Die Berliner Mauer bleibt zum Ende der 60er ein fortwährendes Reizthema zwischen den Westmächten und dem Ostblock. So verbietet die DDR ab dem 13. April 1968 Ministern und Beamten der Bundesrepublik den Transit nach West-Berlin durch ihr Gebiet. Am 19. April protestieren die drei Westmächte gegen diese Anordnung. Am 12. Juni 1968 führt die DDR die Pass- und Visapflicht für den Transitverkehr zwischen West-Berlin und der Bundesrepublik Deutschland ein. Diese Maßnahme ist ein weiterer Baustein bei der strittigen völkerrechtlichen Anerkennung der DDR.

In der Tschechoslowakei formiert sich parallel gegen den zentralistischen Anspruch der kommunistischen Machthaber ein ganz neuer Typus der kommunistischen Partei: Alexander Dubček läutet den Prager Frühling ein, der bei den aufbegehrenden Studenten in der Bundesrepublik als ein weltpolitisches Zeichen begeistert aufgegriffen wird. Der Sozialismus scheint ein menschliches Antlitz zu bekommen.

Doch die politischen Veränderungen in der Tschechoslowakei werden gewaltsam niedergeschlagen. Am 21. August 1968 marschieren Truppen des Warschauer Paktes in Prag ein. Das stalinistische Viergestirn demonstriert seine Macht und seine Geschlossenheit: Gustáv Husák, Walter Ulbricht, Leonid Iljitsch Breschnew und Władysław Gomułka (das Foto stammt von Robert Lebeck, mit dem der Künstler in einer Art Seelenverwandtschaft verbunden ist) verkörpern die Hybris des kommunistischen Ostblocks und bestätigen den Führungsanspruch der Sowjetunion.

So erlässt Breschnew am 12. November 1968 auf dem 5. Parteitag der Polnischen Vereinigten Arbeiterpartei die nach ihm benannte Doktrin, die nur von einer „beschränkten Souveränität" der sozialistischen Staaten ausging und daraus das Recht ableitete, einzugreifen, wenn in einem dieser Staaten der Sozialismus bedroht werde. Damit wurde nachträglich der Einmarsch der Truppen des Warschauer Paktes in die Tschechoslowakei gerechtfertigt.

Am 11. April 1968 wird der Studentenführer Rudi Dutschke vor dem SDS-Büro von dem jungen Hilfsarbeiter Josef Bachmann angegriffen. Mit drei Schüssen streckt er ihn auf offener Straße nieder. An der Stelle, unweit vom Springer-Hochhaus, wo die BILD-Zeitung produziert wird, bleiben die Schuhe und ein großer Blutfleck auf der Straße zurück. Dutschke erleidet bei dem Anschlag lebensgefährliche Gehirnverletzungen und überlebt das Attentat nur knapp nach einer mehrstündigen Operation. Er stirbt einige Jahre später, am 24. Dezember 1979, in Dänemark.

Am 20. Juli 1969 hält die Welt den Atem an: Den Amerikanern ist der Coup tatsächlich gelungen. Am Ende eines gigantischen Raumfahrt-Programms, das noch von John F. Kennedy als Reaktion auf den Sputnik-Schock veranlasst worden ist, landet die Fähre der Apollo-Mission erfolgreich auf dem Mond. Die Erdenbürger sind bei diesem Schritt via Fernsehen live dabei. Neil Armstrong betritt als erster Mensch den Erdtrabanten und pflanzt das amerikanische Sternenbanner auf. „Ein kleiner Schritt für einen Menschen, aber ein großer Schritt für die Menschheit."

1970-71

Das süße Leben

Otmars ganzer Stolz: Jaguar mit „Eckenträumer"

Luderbär trifft zwei Nackedeis vom „Lido"

Es läuft für den Künstler Otmar Alt besser, als man es sich nur wünschen kann. Er hat mit seinen Arbeiten offenbar den Nerv der Zeit getroffen. Eine Traumkarriere eröffnet sich. Denn der künstlerischen Anerkennung folgt der wirtschaftliche Erfolg. Die jüngsten Arbeiten werden dem Künstler förmlich aus der Hand gerissen. Neben seinem altehrwürdigen Jaguar leistet er sich nun als Zweitwagen und Symbol für den Erfolg einen schnellen Flitzer, einen Porsche Carrera.

Mit „Pinguin" reist er nach Paris. Die Metropole unter dem Eifelturm lockt mit allen Versuchungen des süßen Lebens. Man steigt in der Nobelherberge, dem Hotel Ritz an der Place Vendôme ab. Geld spielt keine Rolle. Es ist Zeit, das Leben zu genießen.

Der Künstler besucht den Louvre, verschiedene Museen und angesagten Galerien der französischen Hauptstadt. Das Paar bummelt auf dem Montmartre und durchs Marais. „Pinguin" fragt ihn, wann er anfange auf dem Montmartre zu malen. Gespeist wird in den feinsten Etablissements der Stadt, dem Restaurant Alcazar beispielsweise oder im Bistro des gefeierten Jahrhundertkochs Joël Robuchon. Abends lässt man sich durch die Bars, Clubs und Varietés treiben. Es geht ins „Lido", ins „Crazy Horse" oder ins „Moulin Rouge". Ein Hoch auf die verführerischen Nackttänzerinnen. Sie stellt der Künstler in seiner Bildtafel eigens auf einen Sockel.

Zurück in Berlin stürzt sich der Künstler wieder in die Arbeit. Es kommt die Auseinandersetzung mit neuen Materialien und Medien hinzu. So entsteht unter anderem im Atelier Horst Kerstan, das 1965 aus der früheren Werkstatt des berühmten Keramikers Richard Bampi in Kandern in Baden Württemberg hervorgegangen ist, eine neue Keramikserie aus Porzellan. Sie wird in der Münchner Galerie Otto Stangl ausgestellt.

Bei dem Paar kündigt sich Nachwuchs an. Der Künstler macht keinen Hehl daraus, dass für ihn ein Kind nicht wirklich in seinen Lebensplan passt. „Eigentlich wollte ich kein Kind in die Welt setzen", erinnert er sich. Nachdem „Pinguin" bereits mehrere Fehlgeburten hatte, scheint es dieses Mal zu klappen.

Fabians Mexicobild

Otmar mit viel Kummer

Vor vollendete Tatsachen gestellt, setzt sich Otmar Alt auch künstlerisch mit dem Thema auseinander. Es entsteht zusammen mit den Autoren Hans Stempel und Martin Ripkens das Kinderbuch „Luderbär", das im Kölner Middelhauve-Verlag erscheint. Otmar Alt steuert die prallbunten und fantastischen Illustrationen bei.

Außerdem publiziert der Künstler in einer Vorzugsausgabe von 500 Stück das Kinderbuch „DER" mit neun Linolschnitten zu Texten von Kindern im Braunschweiger Verlag Galerie Schmücking. Das Vorwort zu dem Buch hat die Schriftstellerin Anna Sybil Gräfin Schönfeldt verfasst. Von der Auflage der „DER-Bücher" dürften heute nicht mehr viele Exemplare existieren, da diese oft von Galerien zerschnitten wurden, um die Grafiken herauszutrennen und diese dann einzeln zu verkaufen.

Im Jahr 1970 wird der Sohn Fabian in Berlin geboren. Die junge Familie ist von Anfang an in großer Sorge um das Leben des Babys. Denn Fabian hat bereits bei seiner Geburt eine lebensbedrohliche Behinderung: Eine Zwerchfellhernie, eine sehr seltene Anomalie. Das Kind muss mehrere schwere Operationen über sich ergehen lassen.

Mutter und Kind werden von dem bedeutendsten Spezialisten für Kindererkrankungen, dem sogenannten Vater der Perinatalen Medizin, Professor Erich Saling in der Klinik Berlin-Neukölln betreut. Auf der Bildtafel sieht man Fabian wie damals den kleinen Otmar als Nackedei ins Leben springen. Daneben die bildschöne „Pinguin" und der von Sorgen gezeichnete Otmar Alt.

1971 wird über Otmar Alt ein Künstlerporträt gedreht. Der Film trägt den Titel „Vorfrühling" und wird im Kino als Vorfilm eingesetzt.

Der Künstler unternimmt zusammen mit dem Fotografen Jacques Hartz eine Weltreise. In deren Folge arbeiten beide an der Mappe „A World Flight Souvenir". Außerdem bekommt der Künstler weitere Einzelausstellungen unter anderem in Düsseldorf und Montreal.

Otmar Alt sind aus diesen Jahren noch die folgenden Ereignisse in Erinnerung: Der schwarze Jazztrompeter und unvergessliche Sänger Louis Daniel „Satchmo" Armstrong stirbt am 6. Juli 1971 mit 70 Jahren in New York City. Alt besucht eine Paul Klee-Ausstellung, die einen großen Eindruck auf ihn macht. Paul Klee gehört neben Miro und Picasso zu den Künstlern, die er am tiefsten verehrt.

Im Dezember 1971 wird in München die allererste deutsche Filiale des Fast-Food-Konzerns McDonald's eröffnet. Der Siegeszug des amerikanischen Hamburgers setzt sich in Deutschland fort.

Otmar Alt (l.), „Pinguin" und der Freund Ulf Spiller

Louis Armstrong bleibt unvergessen

1972 Ein Engel geht

Dieses Jahr bildet eine scharfe Zäsur im Leben des Künstlers. Ein schwerer Schicksalsschlag unterbricht die Erfolgsserie und verändert schlagartig den Blick des Künstlers auf die Welt: Während Otmar Alt sich auf einer Reise nach Süddeutschland befindet, um dort eine Ausstellung zu eröffnen, stirbt Sohn Fabian mit nur zwei Jahren in der Berliner Wohnung.

Eine postoperative Infektion hatte sich rasend schnell in dem ohnehin schon arg geschwächten Körper des Kindes ausgebreitet und ein heftiges Fieber verursacht, dem auch der herbeigerufene Kinderarzt nicht mehr beikommen konnte.

Der Künstler kehrt unmittelbar, nachdem er über den Tod seines Sohnes informiert worden ist, nach Berlin zurück. Er findet seine Frau völlig aufgelöst vor. „Für uns brach eine Welt zusammen." Die Mutter kann die folgende Nacht nicht mehr in der Wohnung schlafen. Sie ziehen für einige Tage ins Hotel. Die Beerdigung findet im allerengsten Freundeskreis statt.

Als der Künstler für seinen Sohn eine eigene Bronzeplastik „Fabians Engel" für die Grabstelle entwirft, wird die Aufstellung von den Behörden untersagt. Die Plastik steht heute im Garten des Künstlers in Hamm-Norddinker.

Der Künstler stürzt sich, um den Schicksalsschlag zu überwinden, noch mehr in die Arbeit. Die lange geplante Ausstellung in der Kunsthalle Düsseldorf ist ein willkommener Anlass, sich in Arbeit zu vergraben. Für diese Ausstellung entsteht neben vielen anderen Arbeiten das großformatige „Traumfenster", mit dem der Künstler den Tod seines Sohnes zu verarbeiten versucht. Es stellt den Zaubermeister Merlin dar, der von einigen Fabeltieren umrankt wird. Dabei steht die Figur des Merlin für den Sohn Fabian.

„Das Traumfenster", 1972

Das „Traumfenster" befindet sich weiter im Besitz des Künstlers. Es bildet heute den Mittelpunkt von „Walhalla", dem meditativen Ich-Zimmer des Künstlers in dessen Wohnhaus in Hamm. Hier hat Otmar Alt einen ganz besonderen, ja fast sakralen Rückzugsort geschaffen, in dem er sich mit ganz besonderen Kunstwerken umgibt. „Es ist mein privatester Raum, in den ich auch nur ganz wenige Menschen – Freunde zumeist – hineinlasse."

Im gleichen Jahr entsteht das Plakat für die Plakatedition „Olympia 1972", die der Bruckmann Verlag anlässlich der Olympischen Spiele in München herausgibt. Die Edition ist ein großer Erfolg. Das Plakat von Otmar Alt ist Teil der dritten Serie und wird zeitgleich mit Arbeiten von Josef Albers, Allan D'Arcangelo, Max Bill, David Hockney, R.B. Kitaj und Tom Wesselmann veröffentlicht. Neben einer nummerierten Vorzugsausgabe und einem Plakat erscheint ein Katalog, in dem alle 21 Plakatentwürfe der ausgewählten Künstler abgedruckt werden.

Olympiaplakat von Otmar Alt

Idylle in Hamm: Ein alter Bauernhof wird zur Wahlheimat

Berlin als Lebensmittelpunkt wird in Frage gestellt. Die Alts wollen nach dem Tod des Sohnes so schnell es geht weg aus der Großstadt. Man sucht nach einer neuen Bleibe. Der erste Kontakt mit der Galerie Kley in Hamm lässt mögliche Standorte in Hamm, in Radevormwald und in Dorsten näher rücken. Am linken oberen Bildrand sieht man die Vorderfront der in einem westfälischen Bauernhaus untergebrachten Galerie Kley.

Ein imposanter, alter Wachturm entpuppt sich bei näherem Hinsehen leider als ein schlechtes Wohndomizil und zugleich unbrauchbar für ein Atelier. Also geht man weiter auf die Suche. „Pinguin" zieht es in die Schweiz, nach Italien oder an den Lago Maggiore. Doch Hamm hat sich bereits im Bewusstsein des Künstlers bemerkbar gemacht. Der Galerist Kley lädt ihn auf das bäuerliche Anwesen in Norddinker ein, das später zur neuen Heimat des Künstlers wird und bis heute mit dem Stiftungsgelände sein Lebensmittelpunkt ist.

Der Brückenschlag der Alts zum Lago Maggiore wird durch ein Konterfei von „Pinguin" angedeutet. Sie steht als grazile, barbusige Schönheit mit langem Haar im Vordergrund der Bildtafel. Auf ihrem Kopf balanciert sie wie beim berühmten Apfelschuss des Wilhelm Tell einen Apfel. Der Künstler drückt damit die besondere Affinität seiner Frau für die Schweiz aus.

Auf der Bildtafel springen außerdem zwei zeitgeschichtliche Dokumente ins Auge, die das Schicksalsjahr 1972 markieren: In Berlin stirbt am 25. November dieses Jahres Hans Scharoun, der weltberühmte Architekt, der sich mit der Berliner Philharmonie 1963 ein unsterbliches Denkmal gesetzt hat. Und Helmut Kohl, der spätere Bundeskanzler, schickt sich an, die Bühne der großen Weltpolitik zu betreten: Noch als Ministerpräsident des Landes Rheinland-Pfalz reist er in die USA und lässt sich dort in der selbstgerechten Pose eines Staatsmannes vor dem Capitol in Washington ablichten. Das Bild stammt wie viele der schwarz-weiß Fotografien, die Otmar Alt wie ein Zitat einsetzt, von Robert Lebeck.

Aus der Mappe „A World Flight Souvenir“

„Happy Cow“ - Tapetenentwurf für die Edition X-Art-Kollektion

Auf besondere Einladung entsteht in diesem Jahr das Bild „Der große Wassertrinker“ als Wandgestaltung im Kurhaus Badenweiler. Außerdem übernimmt Otmar Alt Wandgestaltungen in der Ingenieurschule Furtwangen und in der Pädagogischen Hochschule in Kiel. Im gleichen Jahr beteiligt sich Otmar Alt mit seinem Entwurf „Happy Cow“ an der Tapeten-Edition der X-Art-Kollektion. Dort hat man eine Tapeten-Serie mit berühmten zeitgenössischen Künstlern aufgenommen.

Es erscheint die Mappe „A World Flight Souvenir“ mit Arbeiten von Otmar Alt und Jacques Hartz im Verlag Galerie Rolf Schmücking Braunschweig. Die Mappe besteht aus zehn signierten, nummerierten und datierten Originalgrafiken. Die Blätter befinden sich in einer Schmuckbox. Jedes Blatt ist in einen schwarzen Umschlag eingelegt. Die Umschläge sind mit Motiven des Fotografen Jacques Hartz und Texten von Eberhardt Roters bedruckt. Zudem enthält die Mappe noch ein ebenfalls nummeriertes und signiertes Silberamulett.

1973 Die große Veränderung

Im Mittelpunkt dieses Jahres stehen für den Künstler zwei anspruchsvolle künstlerische Projekte, in denen er sich abermals mit neuen Techniken und Materialien auseinandersetzt.

Otmar Alt hat im Kiez von Berlin-Schöneberg in der Welserstraße in einer ehemaligen Waschküche ein neues Atelier bezogen. Es liegt günstig in unmittelbarer Nähe zum bei Berliner Künstlern angesagten Laden für Künstlerbedarf Otto Ebeling. Die Welserstraße ist eine in der Szene durchaus bekannte Adresse, denn hier gibt es die wegen ihrer freizügigen Abtreibungspraxis berühmt-berüchtigte Fugger-Klinik und das Programm- und Szenekino „Arsenal".

Zusammen mit dem englischen Schriftsteller und Lyriker Wystan Hugh Auden gestaltet der Künstler einen Prachtband mit zehn Original-Farbseriegraphien, Vignetten und Schmuckelementen. Der Titel dieses einzigartigen Bilderbuches lautet: „Die große Veränderung".

Dabei handelt es sich um eine Vorzugsausgabe, die in einer limitierten Auflage von 600 Stück im Münchner Bruckmann Verlag aufgelegt wird. Das Umschlag- und Einbandmotiv wurde aufwändig im Siebdruck hergestellt.

Für die Auflage selber wurde Römerturm reines Büttenpapier 225g/qm verwendet. Man muss davon ausgehen, dass mehrere Galerien das außergewöhnliche Kunstbuch geplündert, gefleddert und auseinander geschnitten haben, um daraus einzelne und besser zu vermarktende Druckgrafiken zu machen. Gut erhaltene und komplette Ausgaben des Prachtbandes sind daher inzwischen eine echte Rarität.

Im gleichen Jahr entsteht in Berlin auch die Serie „Mondgrillentaucher". Es handelt sich dabei um eine Mappe mit 22 Radierungen, die der Künstler zusammen mit dem versierten Tiefdrucker Schneider aufgelegt hat. „Mondgrillentaucher" bildet einen regelrechten Otmar-Alt-Zoo voller bunter Fantasietiere.

Diese Serie wird zum ersten Mal in der bekannten Galerie Orangerie-Reinz in Köln ausgestellt. Gerhard F. Reinz hat sich mit seinem markanten Galeriebau, in dem er regelmäßig große Namen ausstellt, auch über die Stadtgrenzen der Domstadt hinaus einen hervorragenden Namen gemacht. Seine Ausstellungen gehören zu den Top-Events der Kunstszene. Bei ihm zu präsentieren gilt bereits als eine Auszeichnung und verhilft den meisten Künstlern zu noch größerer Beachtung und Wertschätzung.

Otmar Alt mit Hund und Freunden in der Galerie „Orangerie"

Otmar Alt vor seinen „Mondgrillentauchern"

Das gesellschaftliche und kulturelle Leben dieses Jahres wird von mehreren Ereignissen bestimmt, die auch das Leben des Künstlers tangieren. Auf jeden Fall haben sich einige von ihnen in dessen Gedächtnis eingebrannt. Die Koordinaten sind schnell ausgemacht. Sie heißen: Ölkrise und Sexwelle, Udo Lindenbergs „Panikorchester" und „Sesamstraße".

Im Jahr 1973 stoßen die vom Wiederaufbau und von ungehinderter Prosperität verwöhnten Deutschen zum ersten Mal an die „Grenzen des Wachstums". Unsanft und nachhaltig. Die Ölkrise wirft die unbequeme Frage auf, wie es zukünftig mit den Ressourcen der Menschheit bestellt sein wird.

In der Bundesrepublik Deutschland wird als direkte Reaktion auf die Krise im November und Dezember 1973 viermal ein Sonntagsfahrverbot verhängt sowie neue Geschwindigkeitsbegrenzungen eingeführt. Die Bevölkerung ist daraufhin aufgerüttelt und gewarnt. Rückblickend kann man festhalten: Das Sonntagsfahrverbot hatte zwar keinen wirtschaftlichen Effekt, aber der pure Fortschrittsglaube bekam einen Dämpfer. Die Bilder mit Autobahnen voller Fußgänger und Fahrradfahrer sind als ein Mentekel auf das Ende des Fortschritts aus dem Bewusstsein der Deutschen nicht mehr zu streichen.

Zugleich macht sich in der Gesellschaft eine nie da gewesene Sexualisierung aller Lebensbereiche breit. In der Folge der Freizügigkeit, die die 68er und Studentenbewegung propagiert und durchgesetzt hat, lässt die entfachte Sexwelle einige Tabus und vor allem die Hüllen fallen.

Die „sexuelle Revolution" entlässt ihre Kinder. Der „Playboy" und vergleichbare Postillen mit viel nacktem Fleisch müssen nicht mehr länger unter der Ladentheke verkauft werden. Sexuelle Darstellungen, ja selbst Pornographie werden gesellschaftsfähig. Auf seiner Bildtafel lässt der Künstler mit einer formalen Anspielung auf Picasso eine nackte Schönheit ihre Brüste und ihr Geschlecht zeigen, während hinter den Kinderträumen von Ernie und Bert, den Stars der Sesamstraße, zwei dralle Brüste wie Gebirge ihre Nippel aufrichten. Vielleicht fliegen gerade wegen dieser nackten Tatsachen den beiden Figuren auf der Bildertafel buchstäblich die Haare weg?!

Am 13. Januar 1973 startet in den Dritten Programmen als deutsche Adaption der erfolgreichen amerikanischen Vorschul-Fernsehserie „Sesame Street" die „Sesamstraße". Mit ihr wurden so skurrile Puppen wie die Muppets, der Frosch Kermit, der Griesgram Oscar, das Krümelmonster und nicht zuletzt Ernie und Bert zu Kultfiguren. Diese putzigen Figuren erobern gleich für mehrere Generationen die Zimmer unserer Kinder. Die „Sesamstraße" löst eine gesellschaftliche Debatte über den Fernsehkonsum von Vorschulkindern und die zunehmende Amerikanisierung unserer Kultur aus.

Im Jahr 1973 startet der Deutschrocker Udo Lindenberg gemeinsam mit seinem „Panikorchester" zu seiner ersten Deutschland-Tournee. In deren Folge erlangen Fantasiefiguren aus seinen Liedern wie Rudi Ratlos, Elli Pyrelli und Bodo Ballermann einen wahren Kultstatus. Deutsche Rocksongs kommen an. Man singt wieder deutsch.

Im Jahr 1973 ziehen sich die Amerikaner aus Vietnam zurück. Der Krieg war in der Bevölkerung nicht mehr länger zu legitimieren, vor allem nachdem eindringliche Pressebilder wie die von dem brennenden vietnamesischen Mädchen um die Welt gegangen sind.

Es handelt sich dabei um eines der bekanntesten Pressefotos aus dem Vietnamkrieg. Das Foto zeigt eine Gruppe vietnamesischer Mädchen, die am 8. Juni 1972 unter den Augen lachender GIs aus ihrem Zuhause in Trang Bang vor einem Feuersturm fliehen. Ein Flugzeug der südvietnamesischen Luftwaffe hat versehentlich eine Napalmbombe auf ihr Dorf, 26 Meilen außerhalb von Saigon, abgeworfen. 25 Jahre später wird Phan Thi Kim Phuc, das nackte, rennende Mädchen, zur Vertrauensbotschafterin der UNESCO ernannt.

In Berlin wird am 13. November 1973 der Berliner Sportpalast abgerissen. Eine Berliner Institution fällt an diesem Tag in Schutt und Asche. Die bekannte Veranstaltungshalle hatte über viele Jahrzehnte Geschichte geschrieben. Im Angesicht von jeweils rund 10.000 Besuchern standen hier Sportarten wie Eishockey und Eisschnelllauf (lange Zeit befand sich im Sportpalast die größte Kunsteisbahn der Welt), Boxveranstaltungen und das legendäre 6-Tage-Rennen auf dem Programm.

Unvergesslich ist darüber hinaus das bedeutendste politische Ereignis, das die Halle neben zahllosen Events erlebt hat. Am 18. Februar 1943 hielt hier vor tausenden scheinbar hypnotisierten Deutschen Joseph Goebbels als Propagandaminister seine perfide Sportpalastrede. In ihr sollte die bereits ausgemergelte und stark dezimierte Bevölkerung als letztes Widerstandszeichen auf den „Totalen Krieg" eingeschworen werden.

Sportpalast im Jahr 1973

Später wurde der Sportpalast häufig als Konzerthalle genutzt, mit Auftritten zum Beispiel von Pink Floyd, den Beach Boys, Jimi Hendrix, Deep Purple und The Nice. In der Erinnerung des Künstlers hat das legendäre Konzert von Bill Haley in Berlin seinen festen Platz. Es fand im Jahr 1958 im Sportpalast statt. Randalierende Fans haben damals einen Großteil des Mobiliars kurz und klein geschlagen.

1974-76

Das Trauma

Diese Bildtafel umspannt einen Zeitraum von nur drei Jahren. Aber es waren sowohl privat als auch für die bundesdeutsche Gesellschaft sehr bedeutsame Jahre, die viele Einschnitte hinterlassen. Für den Künstler halten diese Jahre Höhen und Tiefen bereit.

Die Schaffenskraft ist ungebrochen. Der wirtschaftliche Erfolg und auch die internationale Anerkennung setzen sich weiter fort. „Ich muss zugeben, dass ich in dieser Zeit fast unanständig viel Geld verdient habe", schaut Otmar Alt zurück.

Es entsteht in Zusammenarbeit mit dem Bildhauer Franz Weber in dessen Holzwerkstatt in Offenburg eine Werkgruppe von 36 farbigen Holzskulpturen. Neben 35 Unikaten wird das Motiv der „Schneckenfüßler" in einer Auflage von 50 Exemplaren produziert. Die Plastiken werden nach ihrer Vollendung in Düsseldorf im Kunstverein für die Rheinlande und Westfalen ausgestellt. Außerdem präsentiert der Künstler neueste Arbeiten bei der Gimpel & Weitzenhoffer Gallery, New York. Otmar Alt ist zudem auf der internationalen Kunstmesse in Basel vertreten.

Im Jahr 1974 erscheint im Verlag Galerie Orangerie-Reinz in Köln der Ausstellungskatalog „Gemälde und Plastiken aus den Jahren 1964 - 1974", eine Monographie und das Verzeichnis der Gemälde und Plastiken aus den Jahren 1964 - 1974. Es werden insgesamt 132 Arbeiten gezeigt. Der Katalog enthält zusätzlich sechs farbige, in der Platte signierte Original-Zinkographien mit Prägung.

Im Jahr 1974 schreibt wieder einmal ein Sportereignis Geschichte: Die Fußball-Weltmeisterschaft findet in Deutschland statt. Die deutsche Nationalmannschaft absolviert ein beeindruckendes Turnier. Am Ende können die Recken von Bundestrainer Helmut Schön nach 1954 erneut als Sieger das Treppchen besteigen. Der Mannschaftskapitän und legendäre Spielführer Franz Beckenbauer streckt voller Stolz den begehrten Pokal in die Höhe. Die deutsche Elf hatte sich in einem Traumfinale gegen die Mannschaft der Niederlande mit 2:1 durchgesetzt.

Auf einer Schiffsreise nach Island lernen „Pinguin" und Otmar Alt den Schweizer Kaufmann Robert Egloff kennen, mit dem sie sich anfreunden und der später zu den engsten Vertrauten des Künstlers zählt. Er wird ihn auf mehreren Reisen begleiten.

„Viele unvergessliche und bleibende Zeichen hat Otmar in seinem Leben als Künstler und Freund gesetzt. Seine herzlich, fröhlichen und tiefgründig und ernsten Zeichen haben unsere Freundschaft bereichert und immer auch Denkanstösse vermittelt." **Robert Egloff**

36,8 cm hoch, 6175 g schwer und aus 18-karätigem Gold:
Der Siegerpokal für den Fußballweltmeister

„Amerika" - Ausschnitt aus der Entwurfsskizze des Jahres 1974

Amerika ruft! Auf der Bildtafel ist der Künstler im angeregten Telefonat mit seinen Vertretern auf der anderen Seite des großen Teiches verbunden. Zusammen mit seiner Frau geht es nach New York. Sie nehmen Quartier in einem der feinsten Luxushotels von Manhattan: „The Carlyle" an der Madison Avenue. Hier hat man aus den obersten Stockwerken einen freien Blick auf die atemberaubende Skyline von New York. Wieder einmal genießt der Künstler zusammen mit seiner Frau das süße Leben.

Zurück in Berlin beschließen die Alts nach Italien umzusiedeln, an den Lago Maggiore, wo sich vor allem „Pinguin" wohler fühlt. „Hier konnte sie aus dem Vollen schöpfen, ihr Leben genießen und sich mit ihren Freunden so manchen Exzessen hingeben", erinnert sich der Künstler.

Vor dem tatsächlichen Umzug geschieht jedoch ein schreckliches Unglück, das den Lebensweg des Künstlers einmal mehr jäh unterbricht und wieder in eine neue Richtung lenkt.

Ein Trauma. Seine Frau kommt 1976 bei einem mysteriösen Unfall in der Nähe der italienischen Exklave Campione am Schweizer Ufer des Luganer Sees ums Leben. „Pinguin" war dort in dem bekannten Künstlerort bei Freunden gewesen. Otmar Alt, der damals selbst nicht vor Ort ist, wird umgehend gerufen, um die Leiche zu identifizieren. Anschließend wird er sogar von der Polizei verhört. Die Umstände des Todes lassen in dem Künstler die düstere Ahnung aufkommen, „dass sie aus lauter Lebensüberdruss Selbstmord begangen haben könnte. Sie hat den Tod ihres Kindes nie verwunden."

Auf den Tod der Ehefrau weist auf der Bildtafel die Statue eines Pinguins hin, der auf seinem Kopf ein Kreuz trägt. Die Abbildung ist wie ein Mausoleum gestaltet.

Holzfigur „Pinguin", 1976

Nach „Pinguins" Tod orientiert Alt sich wieder nach Deutschland, wo er sich abgeschieden auf dem Lande niederlassen möchte.

Im Jahr 1976 erregt ein Medienereignis das Gemüt der deutschen Bevölkerung – diesmal diesseits und jenseits der Zonengrenze. Es macht einmal mehr die Trennung des Landes deutlich und wirft ein Schlaglicht auf die Angst der Staatsmacht in der DDR vor Kritik am eigenen System. Der Liedermacher Wolf Biermann wird in einer Nacht- und Nebelaktion von den kommunistischen Machthabern in der DDR ausgebürgert.

Biermann war zuvor von der IG Metall zu einer Konzertreise in die Bundesrepublik Deutschland eingeladen worden, wofür ihm die Behörden der DDR eine Reisegenehmigung erteilten. Das erste Konzert findet, vom Dritten Fernsehprogramm des WDR live übertragen, am 13. November in der Kölner Sporthalle statt. Dieses Konzert – Biermann hatte die DDR stellenweise kritisiert, bei anderen Anlässen wie etwa einer Diskussion über den 17. Juni aber auch verteidigt – dient dem Politbüro der SED als Vorwand für die Ausbürgerung „wegen grober Verletzung der staatsbürgerlichen Pflichten". Biermann darf nicht wieder in seine Heimat zurück.

Nach der Ausbürgerung Biermanns sendet das ARD-Fernsehen das Konzert in voller Länge. Erst durch diese Übertragung – das Dritte Fernsehprogramm des WDR konnte in der DDR nicht empfangen werden – erfahren viele Menschen in der DDR zum ersten Mal etwas über Biermanns kritische Lieder.

1977-78 Deutschland im Herbst

Otmar Alt sucht einen Neuanfang. Er greift auf ein Angebot des Galeristen Kley aus Hamm zurück, sich in Hamm niederzulassen. Im Ortsteil Norddinker bezieht er den kleinsten, einen ziemlich heruntergekommenen Teil eines alten Bauernhofes. „Mit einer Scheune haben wir angefangen", sagt der Künstler. „Es hat Jahre gedauert, bis wir peu à peu all die Gebäudeteile übernehmen konnten, die heute zu diesem Ensemble dazugehören. Bei einem Westfalen muss man sich schließlich die Vertrauenswürdigkeit erst einmal erarbeiten."

Oskar das Lama mit Otmar

Es gibt viel zu tun. Die Um- und Ausbauten werden mehrere Jahre in Anspruch nehmen. Nur langsam gehen sie voran. Aus einem ehemaligen Schober wird eine Werkstatt. Im Zentrum entsteht das Atelier des Künstlers. Am Anfang ist die neue Heimstatt alles andere als bequem und komfortabel, sie ähnelt einem Provisorium.

Später wird in unmittelbarer Nähe zum Atelier und Wohnhaus eine Art Menagerie entstehen. Hier hält der Künstler seltene Hühner- und Wasservögel sowie einige Nandus und Lamas.

Ententeich mit „Wassermühle"

Ein junger Mann stößt Anfang 1977 hinzu: Peter Lewerentz. Er wird Assistent und betätigt sich als Mädchen für alles. Er erledigt die Post, macht die Buchhaltung. In den folgenden Jahren wird er es schließlich bis zum Geschäftsführer der Otmar Alt GmbH bringen, bis die Freundschaft und die enge Zusammenarbeit im Frühjahr 2007 zerbricht.

Peter Lewerentz hat im nahen Soest Maschinenbau studiert. In dem erlernten Beruf möchte er nicht arbeiten. Er ist an ganz anderen Dingen interessiert. Zuerst fasziniert ihn das ungebundene und abwechslungsreiche Künstlerleben von Otmar Alt. Am Hof packt er mit an, wo immer es etwas zu verändern und zu bauen gibt.

Ein besonderes Faible entwickelt er für den Jaguar des Künstlers, denn Peter Lewerentz erweist sich als Autofreak. „Er hat schon mal ganz gerne auf die Tube gedrückt", erinnert sich der Künstler. „Wenn er von einer Fahrt aus der Stadt zurückkam, berichtete er regelmäßig von seinen neuesten Geschwindigkeitsrekorden." In der Werkstatt des Hofes wird eine Garage eingerichtet, wo man in der Freizeit an alten Schätzchen herumschrauben kann. Das Lieblingsstück des Autoliebhabers: ein Alfa Spyder.

Es entwickelt sich in dieser Zeit eine produktive Zusammenarbeit mit dem neuen Verlag Art Kollektion und seinen Inhabern, den Eheleuten Uschi und Günter Staeffler. Dort entsteht auch die erste Auflage der begehrten Tierkreiszeichen. Auf der Bildtafel sieht man als Zitat die Grafik zum Zeichen des „Krebs".

Otmar Alt arbeitet jetzt häufiger plastisch. Es entstehen erste Plastiken, die man später auf kommunalen Veranstaltungen, wie 1978 auf der Bundesgartenschau in Bonn, bewundern kann. Vor der Hammer Galerie Kley wird eine der ersten Großplastiken von Otmar Alt aufgestellt: die „Mond-Sophie". Den rechten Vordergrund der Bildtafel bestimmt die berühmte „Gartenlampe" aus Bronze, die wie mit ihrem animalischen Rüssel in das Bild ragt.

Im Jahr 1978 beginnt auch eine langjährige Zusammenarbeit mit der Firma Rosenthal in Selb. Otmar Alt gehört mit zu den ersten Künstlern, die noch von Philipp Rosenthal selber für den künstlerischen Zweig der berühmten Porzellanfabrik engagiert werden. Bei Rosenthal entstehen kleine, feine Porzellanserien, die als Kunsteditionen verbreitet werden. Otmar Alt arbeitet an verschiedenen Ideen und Entwürfen. Besonderen Zuspruch findet das Mocca-Set.

Schwarze Suomi-Vase und das Mocca-Set sind Glanzstücke bei „Studio Rosenthal"

Schellenkönig mit „Gundi" Alt

1978 lernt der Künstler am Schluchsee im Schwarzwald, während er in der Druckerei Hornberger an einem neuen Projekt arbeitet, „Gundi", Gundhild Weisel kennen. Sie verbringen viel Zeit miteinander. Er besucht sie in Schopfheim, sie kommt öfter nach Hamm, um dort für einige Zeit zu leben. Auf der Bildtafel steht das Emblem mit dem Zeichen „G" für Gundi, außerdem ist ihr die Figur über der grünen Nobelkarosse, der EMMA-Herausgeberin Alice Schwarzer gewidmet.

Als erfahrene Hausfrau – Gundi war bereits zweimal verheiratet – packt sie mit an und tut sich im Haushalt des Künstlers um. „Sie konnte schon damals hervorragend kochen und zauberte hier Gerichte auf den Tisch, für die es in Hamm damals kaum Zutaten gab", lobt Otmar Alt Gundis Kochkünste. Gundi erweist sich als eine grandiose Gastgeberin. Bis heute bittet sie regelmäßig nach Veranstaltungen im Umfeld des Künstlers eine kleine ausgewählte Gesellschaft zu Tisch. „Sie ist immer emsig wie eine Biene", sagt der Künstler und erklärt damit auch das Motiv der Biene Maja, die man auf der Bildtafel sehen kann.

Die Mutter von Otmar Alt stirbt im November 1977 bei Verwandten in Heide (Holstein). Sie hat bis zum Endes ihres Lebens meistenteils in der Großstadt gelebt. In den letzten Jahren war der Kontakt zwischen Mutter und Sohn fast vollständig abgebrochen.

Anfang 1977 gründet die Journalistin und Feministin Alice Schwarzer die Frauenzeitschrift EMMA. Die erste Ausgabe erscheint am 26. Januar 1977 mit einer Auflage von rund 200.000 Exemplaren. Die Zeitschrift gilt seit der ersten Ausgabe als Leitblatt der Frauenbewegung in Deutschland und im deutschsprachigen Raum.

Im Jahr 1977 spitzt sich die bereits angespannte innenpolitische Lage in der Bundesrepublik zu: Der Terror der RAF nimmt immer bedrohlichere Formen an, obwohl die maßgeblichen Drahtzieher schon einige Zeit im Gefängnis ihre Strafen absitzen. Aber Nachahmer und die zweite und dritte Generation der Terroristen verüben Anschläge. Der Staat sieht sich herausgefordert, Gegenmaßnahmen zu ergreifen, die allerdings zugleich immer mehr auch kritische Bürger ins Visier der Staatsschützer bringen. Eine Art Generalverdacht gegenüber jedweder Kritik macht sich breit.

Am 7. April 1977 wird der Generalbundesanwalt Siegfried Buback bei einem Terroranschlag der RAF auf offener Straße in seinem Fahrzeug ermordet. Zu der Tat bekennt sich kurz darauf ein „Kommando Ulrike Meinhof", das, wie man später ermitteln wird, aus den Terroristen Knut Folkerts, Christian Klar, Brigitte Mohnhaupt und Günter Sonnenberg besteht. Ihnen wird das Attentat zur Last gelegt. Bis heute sind die tatsächlichen Tatzusammenhänge nicht vollständig aufgeklärt.

Am 5. September 1977 wird Hanns-Martin Schleyer, deutscher Arbeitgeberpräsident und Vorsitzender des Bundesverbandes der Deutschen Industrie, in Köln von RAF-Terroristen entführt. Schleyers Fahrer und die drei Leibwächter, die in einem anderen Auto folgen, werden auf offener Straße erschossen. Der Arbeitgeberpräsident selbst wird von den Terroristen verschleppt. Schleyers Entführer fordern die Freilassung von elf RAF-Mitgliedern, die in Stuttgart-Stammheim einsitzen. Auf der Bildtafel sieht man eine Erinnerung an das berühmte Foto, auf dem der entführte Schleyer zu sehen ist, mit dem die RAF belegen will, dass am 6. September der Entführte noch lebt.

Die Bundesregierung unter Bundeskanzler Helmut Schmidt entscheidet sich, nicht auf die Forderungen der Entführer einzugehen. Sie bleibt selbst noch nach der Entführung des Lufthansa-Passagierflugzeugs „Landshut" durch ein Terrorkommando der Volksfront zur Befreiung Palästinas, das ebenfalls die deutschen Terroristen freipressen möchte, bei ihrer harten Haltung. Der Druck auf die Bundesregierung unter Schmidt wächst weiter an.

Am 13. Oktober 1977 ist die Lufthansa-Maschine mit der Flugnummer LH 181, die planmäßig von Palma de Mallorca nach Frankfurt am Main fliegt, von einem aus vier Personen bestehenden Terrorkommando entführt worden. Die Maschine landet nach einer Zwischenstation in Mogadischu, der Hauptstadt Somalias, wo die Entführer versuchen, die Bundesrepublik Deutschland zu erpressen. Ziel war es: Die Freilassung von inhaftierten Mitgliedern der sogenannten ersten Generation der RAF zu erzwingen.

Fünf Tage später wird die entführte Maschine von GSG-9-Beamten gestürmt und die Geiseln befreit. Noch am selben Tag begehen die führenden RAF-Mitglieder Andreas Baader, Gudrun Ensslin und Jan-Carl Raspe in der sogenannten Todesnacht von Stammheim Selbstmord.

Am gleichen Tag wird auch der entführte Hanns-Martin Schleyer durch drei Kopfschüsse ermordet und keine 24 Stunden danach in Mülhausen (Frankreich) im Kofferraum eines Audi 100 tot aufgefunden.

Die innenpolitische Lage spitzt sich im Herbst weiter zu: „Deutschland im Herbst" – unter diesem Titel porträtiert eine Gruppe von deutschen Filmemachern einige Monate später in einem Episodenfilm die Stimmungslage und innere Zerrissenheit der Republik. Die Arbeiten an der Gemeinschaftsproduktion von elf verschiedenen Regisseuren – unter ihnen Rainer Werner Fassbinder, Volker Schlöndorff und Alexander Kluge – beginnen Ende 1977. Die Collage aus teils dokumentarischen, teils szenisch erzählenden Kurzfilmen wird schließlich 1978 in die Kinos gebracht.

1979-83

Von Elefanten, Hunden und Katzen

Zwei Elefanten

Im Mittelpunkt des Lebens auf dem Bauernhof in Hamm-Norddinker steht eine Vielzahl weiterer Umbauten. Auf der Bildtafel signalisiert das Schild „Umbau" den Ausnahmezustand auf dem Hof. Zum Team gesellt sich nun auch Klaus Lewerentz, der Bruder von Peter Lewerentz, der mit handwerklichem Geschick dem Künstler zur Hand geht.

Klaus Lewerentz kümmert sich um die Plastiken des Künstlers, spannt Leinwände und tischlert Bilderrahmen. Bei externen Ausstellungen übernimmt er die Transporte der Kunstobjekte, notwendige Reparaturen sowie die Pflege der Kunstwerke und sorgt vor Ort in Museen und Galerien für die millimetergenaue Hängung. Inzwischen ist er so etwas wie der Ausstellungsmacher und Kurator im Betrieb des Künstlers. Auf der Tafel symbolisiert ein Sägeblatt an seiner Seite das stilisierte Konterfei. Klaus Lewerentz ist in der Welt Otmar Alts gewissermaßen der Sägefisch.

Otmar Alt ist seit Beginn der 80er bundesweit als Gestalter gefragt. In diesen Jahren stehen wieder viele bildhauerische und skulpturale Arbeiten auf dem Programm des Künstlers. So entstehen 1979 Eisenplastiken für die Bundesgartenschau in Bonn, 1980 Arbeiten für die Unternehmen Rigips und Rosenthal sowie ein Wandrelief für ein Jugendheim in Mannheim, 1981 ein Springbrunnen für die Tierklinik Hochmoor und Keramiken in der Werkstatt Ludwig Hammer und 1982 ein Wandrelief für ein Schwimmbad und ein Wandrelief für das Landeskrankenhaus Göttingen. 1983 übernimmt er die künstlerische Gestaltung des Innenhofes der neuen Zahnklinik der Regensburger Universität. Darüber hinaus entwirft der Künstler eine Schmuckserie mit Sternzeichenmotiven.

Selbstverständlich arbeitet Otmar Alt weiter als Maler. Tiere werden für das Schaffen des Künstlers immer bedeutungsvoller. Eine Vielzahl von Tiermotiven entsteht. Sie treten an die Stelle der bizarren und skurrilen Fantasiefiguren, die bis dahin den belebten Kosmos des Künstlers bestimmt haben. Neben Acrylfarben malt Otmar Alt jetzt immer häufiger auch Aquarelle. So entsteht 1982 das „Liebes-Buch der Elefanten" mit erotischen Aquarellen. Das 118 Seiten dicke Buch erscheint im Dortmunder Harenberg Verlag mit einem Nachwort des bekannten Kunsthistorikers und Kunstkritikers Professor Hanns Theodor Flemming.

„Ich galt damals bundesweit als der Elefanten-Maler. Später kamen dann immer häufiger Katzenmotive hinzu", erklärt der Künstler. „Dabei bin ich eigentlich ein Hundemensch. Hunde faszinieren mich viel mehr als Katzen." Parallel entfaltet sich auf dem Künstlerhof in Hamm, vor allem nachdem Gundi und Otmar am 5. Dezember 1980 geheiratet haben, eine Lebenswelt für Katzen. „Gundi war schon immer ein echter Katzenfan."

Otmar Alt mit seinem Hund Otti

Otmars Tiersymbole

Außerdem hat die neue Ehefrau von Otmar Alt ein Faible für Eulen, so dass später auf dem Gelände eine große Vogelvoliere für mehrere Uhus errichtet wird. Auf der Bildtafel wird Ehefrau Gundi als ein „Katzen-Uhu" dargestellt.

Tiere, allen voran die Katzen, bevölkern die Bilderwelt des Künstlers. Mitunter gewinnt man den Eindruck, dass sich der Künstler zusehends hinter seinen Tiermotiven verbirgt, denn die Tiere werden wie in den klassischen Fabeln eines La Fontaines eingesetzt und übernehmen die Rollen, Verhaltensweisen und Marotten von Menschen. Gerade nach den vorangegangenen Schicksalsschlägen wird die Weltsicht des Künstlers mit einer Vielzahl allegorischer und metaphorischer Tier- und Katzenbilder verschlüsselt. Otmar Alt bekommt dadurch den Ruf, der „Katzenmaler" zu sein – ein Etikett, das der Künstler in der Folgezeit nur schwer wieder los wird.

Anfang der 80er Jahre entwickelt sich eine freundschaftlich-kreative und langjährige Beziehung zur Schwarzwaldgemeinde Gengenbach, für die Otmar Alt in den Folgejahren immer wieder tätig wird. Der Ritter von Gengenbach ist das Wahrzeichen der Stadt. Auf der Bildtafel wird der Bezug zu Gengenbach durch ein Ritterensemble symbolisiert.

1996 und 1997 wird Otmar Alt in Gengenbach unter anderem die 24 Fenster des historischen Rathauses zum größten Adventskalender der Welt umgestalten. Aus diesem Projekt entwickelt sich eine regelrechte Tradition. Verschiedene Kollegen gestalten seither diesen Adventskalender jedes Jahr, so dass es bis zu 100.000 Besucher zusätzlich in die gut erhaltene Altstadt von Gengenbach zieht.

Der Künstler freundet sich in dieser Zeit mit Barbara und Reinhard End an. Reinhard End ist Lehrer am Gymnasium und Leiter des Museum Haus Löwenberg. Eine der dortigen Ausstellungen wird dem Künstler Otmar Alt gewidmet.

Ritter von Gengenbach

Reinhard End (l.) und Quint Buchholz in der Otmar-Alt-Stiftung

Im Jahr 1983 findet im Leopold-Hoesch-Museum in Düren vom 24. April bis 5. Juni eine Ausstellung mit Ölbildern, Aquarellen, Collagen, Zeichnungen, Druckgrafiken, Bronzeplastiken, Keramiken und Holzplastiken statt. Sie trägt den Titel „Der Mann aus dem Rote-Grützeland". Unter dem gleichen Namen erscheint auch ein Ausstellungskalender. Er wird im Verlag Art Kollektion in Borgentreich verlegt. In dem Kalender sind 91 farbige Abbildungen der Bilder und Objekte von Otmar Alt vereinigt. Der Künstler kann über die Titelgebung zur Ausstellung schmunzeln. Er erklärt: „Rote Grütze esse ich einfach sehr gerne."

Im Jahr 1981 feiert das „Bauhaus Archiv" nach einem Entwurf von Walter Gropius in Berlin sein 100-jähriges Bestehen. Das Bauhaus-Archiv wurde 1960 in Darmstadt gegründet. Walter Gropius und andere Bauhaus-Angehörige unterstützten das Vorhaben. Die Sammlung wuchs schnell. Man dachte an ein eigenes Museumsgebäude und fragte bei Gropius an, ob er den Entwurf dafür erarbeiten könne. So entstanden die Pläne für ein neues Museum auf der Darmstädter Rosenhöhe, das sich aber kommunalpolitisch schließlich nicht durchsetzen ließ.

Auf einem seiner Berlin-Besuche gelang es Gropius den damaligen Bausenator Rolf Schwedler für das Bauhaus-Archiv zu interessieren. Der Senat von Berlin war bereit, Grundstück und Geldmittel für den Museumsbau zur Verfügung zu stellen. 1971 bezog das Bauhaus-Archiv eine vorübergehende Unterkunft in Berlin. Die Anpassung der Baupläne an das Grundstück am Landwehrkanal, aber auch politische Entscheidungen und finanzielle Engpässe verzögerten das Projekt. Erst 1976 konnte der Grundstein gelegt werden, 1979 wurde der Neubau übergeben. An Gropius' Entwurf von 1964 erinnert die markante Silhouette der Shed-Dächer. Darüber hinaus gibt es nicht mehr viele Gemeinsamkeiten. 1997 wurde der Bau unter Denkmalschutz gestellt.

Muhammad Ali

Rupert Neudeck

1979 macht eine private Hilfsorganisation weltweit von sich reden. Die Bewegung Cap Anamur entsteht. Sie wird von dem Journalisten Rupert Neudeck ins Leben gerufen, der nicht länger mit ansehen will, wie tausende vietnamesische Flüchtlinge bei ihren Fluchtversuchen ihr Leben lassen. Er rüttelt damit die Welt wach.

Die erste Cap Anamur ist ein deutsches Frachtschiff, das Neudeck chartert und mit dem er von 1979 bis 1986 insgesamt 10.375 vietnamesische Flüchtlinge (die sogenannten „boat people") auf dem Chinesischen Meer rettet und nach Deutschland bringt. Die Flüchtlinge trieben zuvor auf überladenen, altersschwachen Booten auf dem Meer. Die meisten von ihnen fielen vor einer Rettung den Stürmen, den Piraten oder dem Hungertod zum Opfer.

Unter dem Namen „Komitee Cap Anamur/Deutsche Notärzte e.V." entsteht eine Hilfsorganisation, die inzwischen weltweit tätig ist und sich vor allem um Flüchtlinge aus Krisengebieten kümmert. Rupert Neudeck war im Frühjahr 2007 Gast der Otmar-Alt-Stiftung in der Veranstaltungsreihe „Mit Biss!".

Im Jahr 1981 findet auf den Bahamas der letzte Kampf der Boxlegende Muhammad Ali statt, der als das „Großmaul" Cassius Clay den Ring des internationalen Box-Zirkus betreten hatte. Es ist der vierte Anlauf des berühmten Boxers, wieder einmal Weltmeister zu werden. Dreimal war ihm zuvor dieses Bravourstück gelungen. Doch Muhammad Ali holt sich, wie auf der Bildtafel zu sehen ist, nur ein blaues Auge. Er verliert, bereits von seiner heimtückischen Parkinson-Krankheit gezeichnet, diesen Kampf nach Punkten und beendet seine Karriere.

Muhammad Ali wird von vielen bis heute als „der bedeutendste" Schwergewichtsboxer aller Zeiten betrachtet und gilt als herausragender Athlet des 20. Jahrhunderts. Im Jahr 1999 wird er vom Interna64tionalen Olympischen Komitee zum „Sportler des Jahrhunderts" gewählt. Auch außerhalb des Boxringes sorgt Ali für Schlagzeilen. So lehnte er öffentlich den Vietnamkrieg ab und unterstützte die Emanzipationsbewegung der Afroamerikaner in den 60er Jahren.

Skizze aus der Tafel 1979 mit dem Wallraff-Richartz Museum, Köln

„Denk Mal" heißt es durchaus gewollt mehrdeutig auf der Bildtafel. Otmar Alt schlägt damit in ironischer Brechung einen Brückenschlag zu seinem Freund und passionierten Kunstsammler Professor Gerhard Lausberg in Bochum, den er Anfang der 80er kennen gelernt hat. Das kleine grüne Männchen mit den Initialen G. L. stellt einen Operateur im Arbeitsdress dar und steht für den renommierten Neurochirurgen.

„Mit Otti verbindet uns eine lange Freundschaft. Mit seinem Ideenreichtum und hintergründigem Humor löst er positive Impulse aus." **Grete und Helmut Bergdolt**

1984-85 Die Augenwesen

„Wolkenschaukel" - ein Objekt, das die Stadt Hamm ziert

Dass der Künstler in Hamm mit den Jahren heimisch wird, lässt sich daran ablesen, dass die Stadt den Künstler unter ihre Fittiche nimmt und sich mehr und mehr mit seiner Anwesenheit schmückt. Hamm erklärt sich selbst zur „Alt-Stadt".

Im Orwell-Jahr „1984" entsteht die große Stahlplastik „Wolkenschaukel", die zweimal innerhalb der Stadt umziehen wird, ehe sie ihren endgültigen Standort findet. Sie ist jetzt auf der dem Eingang des Gustav-Lübcke-Museums an der gegenüberliegenden Straßenseite als Bindeglied zwischen dem Haus der Künste und dem Leben in der Stadt zu sehen. Inzwischen verteilen sich viele Zeichen, Signaturen und Skulpturen Otmar Alts über ganz Hamm und prägen das Stadtbild mit.

Es heißt im Volksmund, dass man mit einem Westfalen erst ein Fass mit Salz geleert haben muss, ehe man wirklich heimisch werden kann und von den Einheimischen ernst genommen wird. Otmar Alt hat in diesem Sinne ganz eigene Erfahrungen mit den Westfalen im Allgemeinen und den Bürgern seiner Wahlheimat Hamm im Speziellen.

„Gruppe Meier" - die radelnden Freunde: Eberhard Schnake, Robert Egloff, Otmar Alt, Karl-Heinz Fezer (v.l.)

„Hamm befindet sich an der östlichen Peripherie des Ruhrgebietes", sagt der Künstler, „das erklärt vielleicht, warum sich hier ein eigenes Arbeitervölkchen entwickelt hat." Das Schaffen des Künstlers wird seit jeher in dieser Region mit Argusaugen beobachtet. Skepsis und Stolz sind die beiden Antipoden. „Doch wenn der Hammer einmal ‚Ja' gesagt hat, dann ist diese Zustimmung und Einwilligung unverbrüchlich", hat der Künstler inzwischen erfahren.

Hamm ist gleichzeitig Heimat und Ausgangspunkt für Exkursionen. Der Künstler ist viel auf Reisen. Kaum eine Woche, da er ungestört in seinem Atelier verbringt. Unstet und neugierig zugleich bricht er immer wieder auf, um Ausstellungen zu eröffnen, Freunde zu besuchen und neue Erfahrungen zu machen. Am liebsten lässt er sich auf seinen Reisen von Freunden begleiten – wie bei der „Gruppe Meier", die sich Anfang der 80er aus einem spontanen Zusammenschluss von Freunden und Wegbegleitern gegründet hat. Einmal im Jahr bricht die Gruppe mit dem Fahrrad auf, um für eine Woche oder knapp 14 Tage durch Deutschland zu radeln. Das Gepäck wird sinnigerweise von Etappe zu Etappe transportiert.

„Die Kunst von Otmar Alt zeigt sich durch die Weisheit des Alters, die Stärke der inneren Ruhe und Schönheit der Vollendung." **Reinhard Höinghaus**

Otmar beim Füttern eines seiner Nandus

Im Jahr 1984 entstehen die Verbindung zu der Firma Caterpillar und die Freundschaft zu Reinhard Höinghaus, der bis heute zu den treuesten Wegbegleitern des Künstlers gehört und der aktuell die Otmar-Alt-Stiftung als Beirat unterstützt. Damals stieß dieser als Geschäftsführer der deutschen Vertretung des Traktoren- und Baumaschinenherstellers Caterpillar zum Vertrautenkreis des Künstlers.

Auf der Bildtafel fährt ein Bulldozer, auf dem der Freund Platz genommen hat, direkt auf den Betrachter zu. Die Schaufel ist mit Blumen verziert. Am Führerhaus symbolisiert ein Winkelwerkzeug, dass die Freundschaft zwischen Reinhard Höinghaus und dem Künstler auch noch durch die Zugehörigkeit zu den Freimaurern begründet ist. Otmar Alt ist 1986 Freimaurer geworden. Beide gehören bis heute der Hammer Loge „Zum hellen Licht" an.

Im Mittelpunkt der Tafel blickt ein „Augenwesen" den Betrachter an. Diese fantasievollen Kreaturen werden zu einem ständig wiederkehrenden Motiv auf vielen Bildern des Künstlers. Ganz ähnlich wie die Tiere aus dem kleinen Zoo, der in der linken unteren Ecke der Bildtafel zu sehen ist.

Auf dem Anwesen in Hamm-Norddinker ist ein kleiner Zoo entstanden. Enten und Gänse, Hunde und Katzen, Emus und Lamas bilden eine illustre Population. „Ohne Tiere mochte ich nie sein", erklärt der Künstler. Als Student war ihm eine verletzte Taube zugeflogen, die er wieder aufpäppelte. „Als ich sie dann eines Tages mit nach draußen nahm, hat sie die Chance ergriffen und ist mir weggeflogen. Einige Zeit später habe ich dann einen Papagei bekommen, er wurde zu einem festen Mitglied meines Hausstandes."

„Als Jäger und Sammler bin ich dankbar und stolz nicht nur Hirsch und Wildschwein, sondern auch so ein seltenes Tier wie den Paradiesvogel und weisen Raben aufgespürt zu haben." **Wenzel Böckenhoff**

Lautsprecherboxen der Firma Canton, designed by Otmar Alt

Augen beobachten: Big Brother is watching you. Der utopische Roman „1984" des George Orwell wird zu einem Synonym für eine Zeit, in der der Staat sich immer mehr in die Privatsphäre seiner Bürger einzumischen sucht. Längst erscheinen die damals düsteren Zukunftsprognosen des Autors überholt. Erst die Volkszählung, jetzt der heimliche Zugriff des Staates auf die Kommunikation im Internet und die Beobachtung des privaten Refugiums. Im Jahr 1984 mochte niemand diese Entwicklung voraussehen.

Das Zeichen „1984" wird von einem Jäger umarmt, dessen Kopfbedeckung ein Geweih ziert. Hinter dieser kryptischen Verbindung verbirgt sich ein weiterer Freund des Künstlers, der Augenarzt Wenzel Böckenhoff aus Erle bei Dorsten, mit dem der Künstler einige Male gemeinsam auf der Jagd gewesen ist. Während jener das Gewehr führen durfte, tat sich der Künstler während der Jagd nur als Treiber hervor. „Ich gehörte zum Fußvolk", berichtet der Künstler von seinen Qualitäten bei der Treiberei.

Im Vordergrund der Tafel ragen zwei Türme wie Wolkenkratzer ins Bild – fantasievoll bemalt sind es zwei Design-Objekte, die damals im Auftrag der Zeitschrift „Schöner Wohnen" von Otmar Alt gestaltet worden sind. Es handelt sich dabei um zwei Lautsprecherboxen der Firma Canton, einer der führenden deutschen Hersteller von Lautsprechersystemen. 100 Exemplare sind damals über die Zeitschrift verkauft worden: ein sensationeller Erfolg.

Nur wenige historische Ereignisse aus dieser Zeit sind dem Künstler in Erinnerung geblieben. Unvergessen sind allerdings die ständigen Reibereien der beiden deutschen Staaten. Das Verhältnis zwischen BRD und DDR ist trotz rechtlicher Vereinbarungen der Ostverträge immer noch gespannt und eisig.

Die DDR dringt weiter auf die völkerrechtliche Anerkennung. Im Grundlagenvertrag zwischen der Bundesrepublik Deutschland und der Deutschen Demokratischen Republik vom 21. Dezember 1972 war die Einrichtung Ständiger Vertretungen beschlossen worden. Sie gaben immer wieder Anlass zu politischen Auseinandersetzungen.

Die „Ständige Vertretung" war praktisch so etwas wie eine Botschaft. Das Wörtchen „bei" in der Bezeichnung „StäV der Bundesrepublik Deutschland bei der DDR" drückt aus, dass Ost-Berlin nach dem Viermächte-Status nicht zur DDR gehörte, so wenig wie West-Berlin zur Bundesrepublik. Der Grund für die Abweichung vom normalen Botschaftsbetrieb lag in den gegensätzlichen staatspolitischen Auffassungen. Die StäV wurden darum auch nicht „gemäß", sondern „entsprechend" der Wiener Konvention behandelt.

Im Sommer 1984 kam es in Berlin zu einem Eklat: Am 26. Juni wurde die StäV in Ost-Berlin vorübergehend geschlossen. 55 DDR-Bürger hatten die StäV besetzt. Am 31. Juli 1984 wurde sie unter verstärkten Sicherheitsmaßnahmen wiedereröffnet.

Detail aus der Tafel 1984 mit dem Bundespräsidenten

Im selben Jahr wird Richard von Weizsäcker zum sechsten deutschen Bundespräsidenten gewählt. Zwei Wahlperioden, also insgesamt zehn Jahre lang, wird Weizsäcker als Präsident die Bundesrepublik Deutschland repräsentieren. In seiner Amtszeit hat Weizsäcker durch einige programmatische Reden das Selbstverständnis und Selbstbewusstsein der Deutschen stark mit beeinflusst.

Unvergessen ist der legendäre Wimbledon-Sieg des Tennisspielers Boris Becker. Am 7. Juli 1985 siegt der damals 17-Jährige als erster ungesetzter Spieler, als erster Deutscher und als jüngster Sieger beim bedeutendsten Tennisturnier der Welt in Wimbledon mit 3:1 Sätzen im Finale gegen den Südafrikaner und heutigen US-Amerikaner Kevin Curren.

Boris Becker - Bilddetail

Mit diesem Sieg war Becker zugleich der bis dahin jüngste Sieger bei einem Grand-Slam-Turnier überhaupt. Der überraschende Triumph des jungen Becker wirkte wie eine Initialzündung für seine Karriere und für das deutsche Tennis. Es brach ein regelrechter Hype aus. Innerhalb kürzester Zeit wurde Tennis zum populärsten Zuschauersport – nach dem Fußball.

„Wirbelwind", Tuschezeichnung

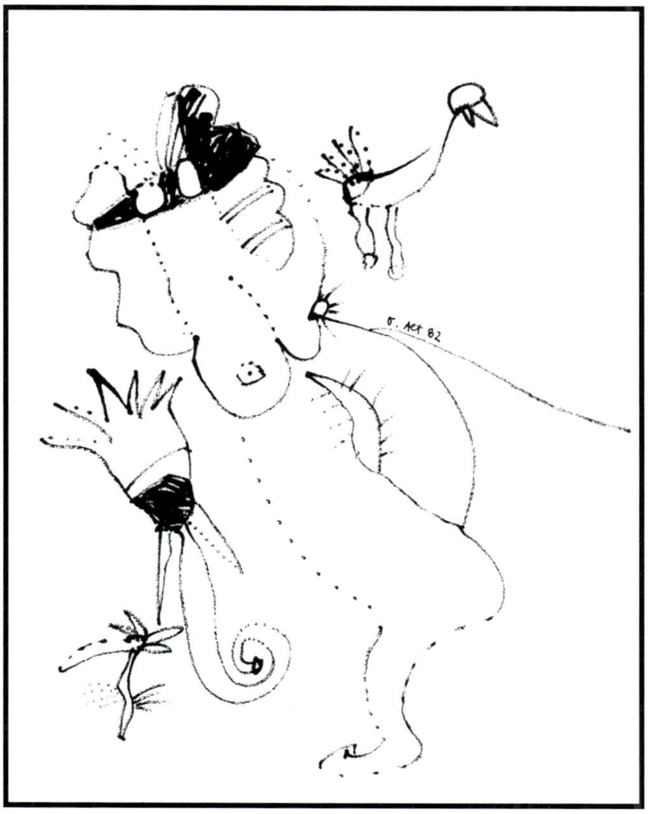

„Vogeltraum", Tuschezeichnung

1986 Coq o'clock

Kernkraftwerk Tschernobyl

Der damalige US-Präsident Ronald Reagan im Gespräch mit Michail Gorbatschow

Gleich in mehrfacher Hinsicht erscheint dem Künstler das Jahr 1986 als ein Jahr des Wandels, der Umbrüche und der Paradigmenwechsel. Die Stichworte heißen: Gorbatschow, Tschernobyl und Stahlkrise.

Weltpolitisch deutet sich 1986 ein radikaler Wandel an. Das überkommene Paradigma vom Ost-West-Konflikt wird mit einem Male aufgeweicht. Mit Michail Gorbatschow entsteht ein völlig neues Ost-West-Verhältnis. Der Kalte Krieg kann endlich ein Ende finden.

Denn Gorbatschow setzt sich vehement und zur großen Verwunderung der westlichen Welt für die weltweite Abrüstung der Kernwaffen ein. Seine Politik der Glasnost (wörtlich: Offenheit) und der Perestroika (wörtlich: Umbau) führen dazu, dass die zentralistisch und kommunistisch regierte Sowjetunion zu einem ganz neuen Selbstverständnis erwacht. Der Einfluss der mächtigen kommunistischen Partei wird zusehends kleiner. Michail Gorbatschow ist von März 1985 bis August 1991 Generalsekretär des Zentralkomitees der Kommunistischen Partei der Sowjetunion. Von März 1990 bis Dezember 1991 ist Gorbatschow Präsident der Sowjetunion.

Ein ganz anderer Bewusstseinswandel wird durch eine nukleare Katastrophe möglich. Zwar haben Kernkraftgegner schon seit Jahren auf der ganzen Welt auch gegen die zivile Nutzung der Kernkraft protestiert, aber erst mit der Katastrophe von Tschernobyl bekommt die mögliche Gefahr ein Gesicht. Tschernobyl steht für das Ende eines ungebrochenen Fortschritts.

Denn am 26. April 1986 passiert im Kernkraftwerk Tschernobyl, nahe der Stadt Prypjat in der Ukraine, genau das, was Atomkraftgegner seit Jahren als Gefahr beschworen und Befürworter als den unwahrscheinlichsten Fall hingestellt haben: Als Folge einer Kernschmelze und Explosion im Block IV des Kernreaktors Tschernobyl kommt es zu einer der schlimmsten Umweltkatastrophen aller Zeiten. Der Reaktor brennt durch. Tschernobyl und der zubetonierte Reaktor sind das Fanal einer wissenschaftshörigen Menschheit. Nach allen vorherigen Beteuerungen der milliardenschweren Kraftwerksindustrie hätte ein solcher Super-GAU niemals stattfinden dürfen.

Doch grundlegende Mängel in der Konstruktion des Reaktors sowie Planungs- und Bedienungsfehler bei einem Versuch schaukelten sich auf und bewirkten einen Super-GAU. Große Mengen an radioaktivem Material wurden in die Luft geschleudert und verteilten sich hauptsächlich über die Region nordöstlich von Tschernobyl, aber auch über viele Regionen Europas. Der Unfall führte bei einer nicht genau bekannten Zahl von Menschen zum Tod. Über die zu erwartenden Langzeitfolgen besteht seit Jahren ein Streit, auch unter Wissenschaftlern.

Die größten Freisetzungen radioaktiver Stoffe fanden während des Zeitraums von zehn Tagen nach der Explosion statt. Die Wolken mit dem radioaktiven Fallout verteilten sich zunächst über weite Teile Europas und schließlich über die gesamte nördliche Halbkugel. Wechselnde Luftströmungen trieben sie zunächst nach Skandinavien, dann über

Polen, Tschechien, Österreich, Süddeutschland und Norditalien. Eine dritte Wolke erreichte den Balkan, Griechenland und die Türkei. Innerhalb dieser Länder wurde der Boden je nach regionalen Regenfällen unterschiedlich hoch belastet.

Auch in der Bundesrepublik kommt es in den auf die Katastrophe folgenden Wochen zu einem radioaktiven Fallout. In den am stärksten belasteten Gebieten Deutschlands, im Südosten von Bayern, gibt es bis heute eine messbare Kontamination des Bodens. So sind beispielsweise auch heute noch in einigen Teilen der Republik, insbesondere im Süden, Pilze, Waldbeeren und Wildtiere hoch belastet. Laut Bundesamt für Strahlenschutz (BfS) ist die Verseuchung dort rund zehnmal höher als im Norden Deutschlands.

Otmar Alt hat den Sarkophag von Tschernobyl als Mahnmal in Schwarz-Weiß auf seiner Bildtafel aufgenommen. Darüber steht ein Fries buchstäblich auf dem Kopf. Dieser Fries versammelt die von der Katastrophe betroffenen Menschen, Tiere und Pflanzen. Auf der Schwarz-Weiß-Zeichnung fallen zwei Vignetten ins Auge. Die eine stellt einen Geigerzähler da, die andere zitiert mit einem typisch rostroten Kreuz eine frühere sehr bekannte Bilderserie des Künstlers Joseph Beuys.

Ein ökonomischer Umbruch findet parallel in allen europäischen Ländern und vor allem in der deutschen Industrie statt. Kohle und Stahl sind nicht mehr länger die Grundlagen des wirtschaftlichen Wachstums. Die Stahlkrise erfasst die deutsche Wirtschaft.

Denn in Folge des globalen Wettbewerbs werden europäische Stahlproduktionen plötzlich unrentabel. Am stärksten von diesem Problem und seinen Auswirkungen betroffen ist in Deutschland einerseits das Ruhrgebiet, andererseits das Saarland, in dem mehrere große Hüttenwerke, unter anderem die Völklinger Hütte, die Neunkircher Hütte und die Dillinger Hütte, stillgelegt werden müssen.

Im Zuge des Konzentrationsprozesses in Deutschland werden die meisten Hochöfen des Ruhrgebiets und dann auch die bekanntesten Stahlstandorte des Landes geschlossen. Darunter befindet sich auch die Völklinger Hütte, die aus dem 1873 gegründeten ehemaligen Eisenwerk hervorgegangen ist.

1994 wird die UNESCO die Völklinger Hütte als erstes Industriedenkmal auf der Welt in den Rang eines Weltkulturerbes der Menschheit erheben. Jahre später: In 2007 wird sie für die Auszeichnung als historisches Wahrzeichen der Ingenieurbaukunst in Deutschland nominiert. Das Weltkulturerbe Völklinger Hütte ist heute der wichtigste Standort der Industriekultur in Europa. Er ist Ankerpunkt der Europäischen Route der Industriekultur (ERIH). Darüber hinaus finden zahlreiche kulturelle Veranstaltungen im Weltkulturerbe Völklinger Hütte statt.

Weltkulturerbe Völklinger Hütte

Springbrunnen „Wassermühle", Duisburg

„Coq o' clock", Porzellanfigur

Die künstlerischen Highlights des Jahres sind für Otmar Alt die Errichtung eines Springbrunnens in Duisburg und die Porzellanskulptur „Coq o' clock" für die Firma Rosenthal.

Alt hat sich längst mit seinen Großskulpturen für den öffentlichen Raum einen Namen gemacht. 1986 entsteht auf der sogenannten Brunnenmeile in Duisburg der Brunnen mit dem Namen „Wassermühle". Aus dem Wasser erheben sich Bronzeskulpturen, die Tieren und Pflanzen gleichen und Wasserfontänen speien. Im Volksmund wird der Brunnen aufgrund seiner Form auch „Kaffeemühle" genannt.

Der Brunnen lädt zum Spiel mit der Fantasie ein: Seltsame Ungeheuer und Gegenstände spucken kleine Fontänen und heben sich wie Fremdlinge aus dem Wasser heraus. In dem kleinen, quadratisch angelegten Brunnen befinden sich Bronzeskulpturen, die Tieren und Pflanzen gleichen, ohne sich jedoch eindeutig zu erkennen zu geben. Wer genauer hinsieht, sieht Schlangenhälse, ein Monster mit einer Hand und ein Kleeblatt-Gebilde.

Eine besondere Arbeit entsteht in diesem Jahr bei Rosenthal. „Coq o' clock" nennt sich die Porzellanfigur, die einen bunten Hahn darstellt und zugleich eine Uhr ist. 100 Exemplare dieses Kunstwerkes werden von Rosenthal aufgelegt. Die Serie ist in kürzester Zeit vergriffen. Die Uhren sind bis heute ein von Kunstfreunden begehrtes Sammlerstück.

Im Jahr 1986 verstirbt der Künstlerkollege Josef Beuys. Zwischen den rein abstrakten Arbeiten von ihm und den erzählenden Bildern von Otmar Alt liegen Welten, wiewohl Otmar Alt den aus Krefeld stammenden Künstler für seine unerschöpfliche Kreativität und seine Energie stets bewundert. Vor allem für seine Fähigkeit zu diskutieren, zu provozieren und den klassischen Kunstbegriff radikal in Frage zu stellen, verdient Beuys in den Augen von Otmar Alt ein Platz im künstlerischen Olymp. „Beuys hat polarisiert", weiß Otmar Alt heute. „Dadurch hat er die Auseinandersetzung mit der Kunst vorangetrieben."

Entwurf zur Darstellung „Joseph Beuys"

Otmar Alt denkt mit Bewunderung an die Auseinandersetzung Beuys mit dem damaligen Wissenschaftsminister des Landes Nordrhein-Westfalen, Johannes Rau, die ihm sogar den Rauswurf aus der Düsseldorfer Akademie eingebracht hat. So betreute Beuys in den Jahren bis 1975 nicht nur ungewöhnlich viele Studenten, er schaffte es zugleich, eine große Zahl von sehr unterschiedlichen Künstlerpersönlichkeiten erfolgreich auf die eigene Praxis vorzubereiten. Zu diesen zählen nicht nur die Grenzgänger zwischen Performance und Installation, wie beispielsweise Felix Droese und Katharina Sieverding, sondern mit Jörg Immendorff oder Blinky Palermo auch eine Reihe profilierter Maler.

Joseph Beuys war ein gefragter Mentor. Er war beinahe täglich präsent in der Akademie, selbst samstags und in den Semesterferien. Beuys war der Meinung, dass jeder, der den Wunsch hat, Kunst zu studieren, nicht durch Zulassungsverfahren, wie zum Beispiel ein Mappenverfahren oder einen Numerus clausus daran gehindert werden dürfte.

Seine Aktionen provozierten die Landesregierung von NRW in Düsseldorf. Am 15. Oktober 1971 besetzte Beuys mit siebzehn Studenten seiner Gruppe das Sekretariat der Kunstakademie in Düsseldorf.

In einem Gespräch mit Johannes Rau, dem damaligen Wissenschaftsminister erreichte er, dass die Kunstakademie diese Bewerber mit der Empfehlung des Wissenschaftsministeriums aufnahm. Allerdings ließen die Gegenforderungen des Landes nicht lange auf sich warten. Mit Datum vom 21. Oktober teilte der Minister Beuys schriftlich mit, dass solche Situationen nicht mehr geduldet würden. Beuys nahm diese Warnung nicht ernst.

Ende Januar 1972 fand an der Kunstakademie eine Konferenz über ein neues Zulassungsverfahren statt, an der Beuys selbst teilnahm. Die Größe einer Klasse war eigentlich auf 30 Studenten begrenzt. Im Sommer wurden 227 Studienbewerber aufgenommen, 125 abgewiesen. 1052 Studenten waren an der Düsseldorfer Kunstakademie immatrikuliert, davon alleine 268 in der Klasse Beuys'.

Als Joseph Beuys mit den abgewiesenen Studenten 1972 erneut das Sekretariat der Kunstakademie Düsseldorf besetzte, entließ ihn Minister Rau fristlos. Von Polizisten begleitet musste Beuys zusammen mit seinen Studenten die Akademie verlassen. Die Resonanz in Rundfunk, Fernsehen und Presse war riesengroß.

Ein Ausschnitt aus der vielfältigen Kreativität Otmar Alts - selbst Teppiche hat der Künstler entworfen

„Ein guter Wille und
ein bisschen Liebe
öffnen das Tor zum Glück."
Otmar Alt

1987

Augen Blick Mal!

Springbrunnen von Otmar Alt in Wiesloch

Wieslocher Blume

Geliebt, gehasst, oft kritisiert,
was manchem Kunschtwerk heit passiert,
so steht die Blum' aus Künschtlerhand
als onziche im ganze Land.

Sie werd bestaunt, betracht, bewunnerd -
noch lang ins zwanzichte Johrhunnerd.
Sie war mol als Menad' gebore
un hot die Zugkraft net verlore.

Sie werd net welk, verliert ko(n) Blätter
trotz Hag'lsturm un jedem Wetter.
„Verkehrsberuhicht" isch die Zone
zur Freud, die um die Blume wohne.

Mer braucht die Blume net begieße,
weil uffgebohrt die Wasserdüse.
Mer hot des Kunschtwerk jetzt verbessert:
„Als Blume, die sich selbst bewässert."

Wilhelm von dem Bach

Innehalten gilt nicht. Der Künstler ist voller Schaffenskraft und unermüdlich auf dem Weg zu neuen Ufern: Sowohl künstlerisch als auch privat. Große Ausstellungen und Projekte liegen auf diesem Weg – aber auch faszinierende Reisen.

In der Stadt Wiesloch entsteht auf Betreiben des Wieslocher Internisten Helmut Bergdolt und des lokalen Kunstkreises auf dem Sturgis-Platz an der oberen Hauptstraße ein imposanter Brunnen aus Bronze. Der Brunnen heißt: „Große Wieslocher Blumen". Er besteht aus zwei abstrakten Bronze-Figuren, die in einem kleinen mit Natursteinen gemauerten Teich stehen und einen Dialog führen. Statt Worte speien die beiden Figuren unermüdlich Wasser.

Das Projekt ist aus einem Wettbewerb zur „Kunst in der Fußgängerzone" der Stadt Wiesloch hervorgegangen. Im Herbst 1983 gewannen Otmar Alt mit diesem Brunnen und Jürgen Goertz mit seinem „Dionysos" gleichberechtigt die beiden ersten Preise. Die Jury unter Professor Peter Anselm Riedl charakterisiert die Arbeit von Otmar Alt als „geistvoll, hintergründig, doppelbödig, kompakt, integrationsfähig – eine segensreiche und glückliche Antwort".

Eingeweiht wurde der Brunnen mit einem großen Fest, zu dem auch zehn indische Elefanten des in Wiesloch zeitgleich gastierenden Zirkus Althof geladen waren. Der Künstler und die Elefanten tranken gemeinsam aus dem neuen Brunnen.

Anlässlich der Einweihung hat der lokale Mundartdichter Wilhelm von dem Bach ein Gedicht im typisch Wieslocher Dialekt verfasst, das die spöttische Haltung vieler Wieslocher gegenüber den Kunstwerken zu besänftigen versucht. Das Kunstwerk war gerade in der Anfangszeit bei der dortigen, eher konservativ geprägten Bevölkerung umstritten.

Im gleichen Jahr entsteht in enger Zusammenarbeit mit Reinhard End die Konzept-Ausstellung „Augen Blick Mal!", die nach ihrem Start im Museum Haus Löwenberg in Gengenbach durch verschiedene Museen und Galerien des Landes tourt.

In sieben Kapiteln wird die Arbeit des Künstlers vorgestellt. Es ist die bis dato größte umfassende Werkausstellung von Otmar Alt, die einen Einblick in das facettenreiche Schaffen und Leben des Künstlers ermöglicht.

Otmar Alt gehört weiterhin zum engen kreativen Kreis, der mit dem Haus Rosenthal in Selb zusammenarbeitet. Es entsteht die Sammeltasse „Flying Cup". Das Projekt wurde im Unternehmen selbst sehr skeptisch betrachtet, da man sich nicht vorstellen konnte, dass mit Sammeltassen ein Geschäft zu machen sei. Doch wider Erwarten war die Sammeltasse von Otmar Alt ein großer Erfolg.

„Professor Philip Rosenthal war eine imponierende Persönlichkeit", erinnert sich der Künstler an den Unternehmenschef. „Er war sehr kultiviert, steckte voller Ideen und trat für seine sozialen Überzeugungen ein. Es war sehr bereichernd mit ihm zusammenzuarbeiten und im kreativen Austausch zu sein." Regelmäßig führte Philip Rosenthal daher auch Workshops mit kreativen Geistern durch, um den Dialog zu fördern. Im Jahr 1987 lud Rosenthal einen Kreis von Freunden, Künstlern und Vordenkern ein, um bei einer mehrtägigen Schiffsreise auf der Donau miteinander ins Gespräch zu kommen. Otmar Alt war einer derjenigen, die zu diesem Austausch eingeladen waren. Die Reise führte die Gruppe nach Wien und Budapest, wo selbstverständlich Station gemacht wurde.

„Dame ohne Unterleib" - 1987

Ihre Reise ist auf der Bildtafel unten links aufgenommen. Hinter dem Flussschiff sieht man das Riesenrad, das Symbol des Wiener Vergnügungsparks Prater.

Im gleichen Jahr wird eine große Ausstellung mit Werken des Künstlers im Landesmuseum in Trier gezeigt. Für Trier hat Otmar Alt auf seiner Bildtafel das Wahrzeichen der Stadt, die römische Porta Nigra, abgebildet.

„Die Freude am gemeinsamen Schaffen ist noch immer die gleiche wie am ersten Tag und die Zukunft bringt sicherlich weitere kreative Ideen." **Karl-Heinz Klenke**

Zusammen mit seiner Frau Gundi und dem Freund Robert Egloff unternimmt der Künstler in diesem Jahr eine 14-tägige Reise nach Ägypten. Unter anderem besuchen sie Kairo und fahren auf dem Nil bis zu den berühmten Pyramiden von Gizeh, einem der sogenannten sieben Weltwunder.

Otmar (l.) und Gundi Alt mit ihrem Freund Robert Egloff

Im Jahr 1987 wird auch die langjährige und produktive Zusammenarbeit mit zwei Druckern begründet. Es entwickelt sich daraus eine intensive Freundschaft. Seither begleitet der Siebdrucker Karl-Heinz Klenke mit seinem Unternehmen in Dortmund den Künstler. Viele Druckgrafiken werden dort mit großer Sorgfalt und viel Erfahrung betreut.

Eine ähnlich intensive Zusammenarbeit entsteht auch mit dem Drucker Reinhard Spiegel. Bei ihm realisiert sich unter anderem in diesem Jahr die Druckgrafik „Schuh-Schnabel", die in der Tiefdrucktechnik Aquatinta umgesetzt wird. Ein Verfahren, dessen sich der Künstler immer mal wieder bedient, um spezielle Wirkungen zu erzielen.

Seit 1987 zieht sich der Künstler beinahe jedes Jahr zu kreativen Einkehrtagen in ein einsames, idyllisch gelegenes Ferienhaus am Plöner See in der Schleswig-Holsteiner Schweiz zurück. Hier inmitten der Natur findet er Ruhe und Muße, um sich mit neuen Projekten zu beschäftigen. Das Haus gehört der Familie Dietz, die in Plön eine Galerie betreibt, in der Otmar Alt seither viele Male ausgestellt hat. Otmar Alt hat das Haus mit einem seiner Tiermotive wie einem Wappentier verziert. So wird deutlich, dass sich der Maler hier heimisch fühlt.

Am 25. Mai 1987 startet der 19-Jährige Mathias Rust in Hamburg-Fuhlsbüttel mit einer Cessna 172, um drei Tage später bei einer spektakulären Aktion auf einer Brücke unweit des Roten Platzes in Moskau zu landen. Rust hatte die Maschine des Hamburger Luftsportvereins für einen Rundflug über die Nordsee gechartert. Seine letzte Etappe führte ihn vom Flughafen Malmi in Helsinki über die finnisch-russische Grenze Richtung Leningrad. Von dort folgte er der Eisenbahnlinie nach Moskau.

„Wappentier am Ferienhaus in Plön"

Mathias Rust wurde zwar frühzeitig von der sowjetischen Luftabwehr bemerkt, aber eine Abwehrreaktion blieb aus. Nach einem etwa fünfeinhalbstündigen Flug erreichte er Moskau, wo er gegen 18:15 Uhr mehrere Runden über dem Roten Platz und dem Kreml drehte. Da auf dem Platz zu viele Menschen waren, musste er gegen 18:40 Uhr auf der nahen Moskwa-Brücke landen. Nach seinem Flug sagte Rust, dass er ihn für den „Weltfrieden" und die „Verständigung zwischen unseren Völkern" unternommen habe.

Unmittelbar nach seiner Landung wurde Rust von Mitarbeitern des sowjetischen Geheimdienstes KGB festgenommen. Am 2. September 1987 begann sein Prozess vor dem Obersten Gerichtshof. Zwei Tage später wurde er zu vier Jahren Arbeitslager wegen illegaler Einreise, Verletzung der internationalen Luftverkehrsregeln und schweren Rowdytums verurteilt. Nach der Verbüßung einer Freiheitsstrafe von 14 Monaten im Lefortowo-Gefängnis in Moskau wurde er am 3. August 1988 infolge einer Begnadigung durch den Vorsitzenden des Präsidiums des Obersten Sowjets der UdSSR, Andrei Gromyko, vorzeitig aus der Haft entlassen und musste auf Anordnung unverzüglich die Sowjetunion verlassen und nach Deutschland zurückkehren.

Am 12. Juni 1987 besucht der amerikanische Präsident Ronald Reagan West-Berlin und hält direkt vor dem Brandenburger Tor eine programmatische Rede, die ähnlich wie der begeisterte Ausruf von John F. Kennedy „Ich bin ein Berliner!" in die Annalen der geteilten Stadt eingegangen ist. Ronald Reagan fordert demonstrativ: „Mr. Gorbachev, open this gate! Mr. Gorbachev, tear down this wall!" („Herr Gorbatschow, öffnen Sie dieses Tor! Herr Gorbatschow, reißen Sie diese Mauer ein!").

Am 11. Oktober dieses Jahres wird Uwe Barschel, der ehemalige Ministerpräsident des Landes Schleswig-Holstein, im Hotel Beau-Rivage in Genf tot in der Badewanne aufgefunden. Die mysteriösen Umstände seines Todes sind bis heute nicht vollständig aufgeklärt. Die Ermittlungsbehörden gehen davon aus, dass es Selbstmord war, während die Familie bis heute darauf besteht, dass Uwe Barschel einem Verbrechen zum Opfer gefallen ist. In die Zusammenhänge unrühmlich verwickelt sind auch einige Journalisten, die in ihrer Sensationsgier ganz offensichtlich Tabugrenzen überschritten haben und damit die vollständige Aufklärung der Todesursache und Hintergründe erschwert, vielleicht sogar verunmöglicht haben. Nachdem sich nach Recherchen des Hamburger Nachrichtenmagazins „DER SPIEGEL" herausstellte, dass er während des Landtagswahlkampfs in einen Abhör-Skandal und eine Verleumdungskampagne gegen seinen Herausforderer Björn Engholm sowie in einige dubiose Geschäfte verwickelt war, musste er zurücktreten. In der sogenannten Barschel-Affäre wurden ihm Kontakte bei zweifelhaften Waffengeschäften unterstellt und teilweise auch nachgewiesen. Der Politiker hat mehrfach lautstark und medienwirksam bestritten, in die ihm unterstellten Skandale verwickelt zu sein.

In der berühmt gewordenen Pressekonferenz vom 18. September beteuert er nochmals seine Unschuld, wiewohl zu diesem Zeitpunkt bereits nachgewiesen worden war, dass Barschel gelogen hatte. Barschel erklärte damals: „Über diese Ihnen gleich vorzulegenden Eidesstattlichen Versicherungen hinaus gebe ich Ihnen, gebe ich den Bürgerinnen und Bürgern des Landes Schleswig-Holstein und der gesamten deutschen Öffentlichkeit mein Ehrenwort – ich wiederhole – ich gebe Ihnen mein Ehrenwort, dass die gegen mich erhobenen Vorwürfe haltlos sind." Seither hat das öffentliche Ehrenwort im bundesdeutschen Sprachgebrauch einen faden Beigeschmack.

Der Künstler erinnert sich, dass in diesem Jahr auch der Maler, Filmemacher und der berühmteste Mentor der Pop-Art-Bewegung Andy Warhol und der deutsche Showmaster, Moderator und das Mitglied des Zentralrates der Juden in Deutschland, Hans Rosenthal verstorben sind.

„Süße Schlange", Glasfigur

1988 Kunst und Kirche

Paul Gräb, Initiator des Projektes „Kunst + Kirche"

„Ein Gedanke wird geboren, beginnt sich zu bewegen, entwickelt sich, wird lebendig, wird zum Bild.

Ein Märchen nimmt seinen Anfang, wird erzählt, bekommt Leben, entwickelt sich, das Märchen wird Bild.

Ein Gedanke wird Farbe, bekommt Leben, wird Wirklichkeit..." **Paul Gräb**

Haus der Diakonie, das mit Hilfe von Künstlern errichtet wurde

Es ist eine bundesweit einzigartige und beispiellose Initiative: Kunst und Kirche. Ihr setzt der Künstler auf dieser Bildtafel ein Denkmal. Ins Leben gerufen wurde das Projekt bereits 1961 durch eine erste Ausstellung mit Werken von Gegenwartskünstlern in der Evangelischen Kirche in Öflingen, die von Paul Gräb, dem evangelischen Pfarrer im badischen Bad Säckingen, ausgerichtet wurde. Als Kunstliebhaber engagierte er sich für die aktuelle Kunst, die ansonsten kaum ein Forum hatte und entdeckte dabei die Möglichkeit, mit attraktiven Kunstausstellungen auch Spendengelder einzuwerben.

Seit 1988 wurden die Ausstellungen durch den Verein Kunst + Diakonie veranstaltet, der auf Verlangen des Finanzamtes die Trägerschaft der Ausstellungen übernehmen musste, um die fiskalische Ordnung herzustellen. Denn zwei Drittel des Verkaufserlöses erhielten die Künstler für ihre Arbeiten, während ein Drittel als Spende für den Verein gedacht war.

Zuerst erwirtschafteten Paul Gräb und seine Mitstreiter rund 1,2 Millionen Mark an Zuwendungen durch Kunstausstellungen und Auktionen, um in der örtlichen Kirche eine eigene Orgel installieren zu können. Später wurde der Zweck ausgedehnt, um durch die Spenden den Bau eines Behindertenheims zu finanzieren. Dieses Heim wurde 1985 eingeweiht. Parallel wurde die Ausstellung „Die andere Eva" gezeigt, an deren Konzeption Paul Gräb maßgeblich beteiligt war.

Künstler wie Max Ackermann, Otto Dix, HAP Grieshaber, Erich Heckel, Walter Herzger und Gerhard Marcks waren die Schöpfer der ersten Stunde. Schnell kamen weitere Künstler hinzu, darunter inzwischen auch international bekannte Kunstschaffende und bekannte Größen wie Horst Antes, Jürgen Brodwolf, Karl Fred Dahmen, Heinz Mack, Otto Piene, Gerhard Richter, Günther Uecker, Fritz Winter und eben auch Otmar Alt.

Die von Paul Gräb in Wehr-Öflingen organisierten Kunstausstellungen wurden unter dem Schlagwort „Modell Öflingen" zum Forum eines neuen Dialogs zwischen Kunst und Kirche. Hier treffen sich regelmäßig Kunstschaffende, Theologen, Kunsthistoriker, Galeristen und andere Interessenten, um über die Probleme und Möglichkeiten des Verhältnisses zwischen autonomer Kunst und den Erfordernissen der Kirche in unserer Zeit zu diskutieren.

Die Ausstellungen wurden durch umfangreiche Kataloge begleitet. Bei der Ausstellung 1988 durften erstmals geistig behinderte Künstlerfreunde mit ausstellen. Dies ist eine bemerkenswerte Initiative, zu der es dann auch den von Lothar Späth gestifteten „Lothar-Späth-Preis" gibt, der seither jährlich von dem Verein Kunst + Diakonie ausgeschrieben wird. Es gab Vortragsveranstaltungen, Bildmeditationen in Kirchen, Festveranstaltungen und Basare. Dabei sind zwei Veranstaltungsformen besonders hervorzuheben: zum einen die Versteigerung von Kunstwerken durch den früheren Landesvater Lothar Späth und zum anderen die Benefizkonzerte von Anne-Sophie Mutter.

Bei den Versteigerungen war Paul Gräb selbst der beste Käufer. Er gab einen Betrag vor, der von den anderen Bietern überboten werden musste. Wenn nicht, war er mit Kaufen an der Reihe. Durch Ankäufe und durch Geschenke von Künstlern entstand eine eindrucksvolle Kunstsammlung, die inzwischen in die Hanna und Paul Gräb-Stiftung überführt wurde.

Otmar Alt sieht sich selbst als „Katzenmensch". Das Motiv der Katze bekommt in der Bilder- und Fabelwelt des Künstlers eine immer differenziertere Rolle zugewiesen. Durch die Katze spricht der Künstler zu seinem Publikum.

1988 bekommt Otmar Alt erneut eine große, renommierte Plattform, um seine Bilder auszustellen. Zwischen dem 14. August und 11. September findet in der Kunsthalle Bremen auf Betreiben des neuen Museumsdirektors Siegfried Salzmann eine Otmar Alt Ausstellung statt. In der Retrospektive werden 72 Arbeiten gezeigt. Zur Ausstellung erscheint ein Katalog mit dem Titel: „Geschichten aus Bremen, Westfalen und anderswo."

Im gleichen Jahr lernt Otmar Alt den Mediziner Fritz Lenz aus dem badischen Schopfheim kennen. Mit ihm ist er seither freundschaftlich verbunden und vertraut ihm vor allem in menschlicher und medizinischer Hinsicht. „Er ist für mich der geborene Ferndiagnostiker", gesteht der Künstler lachend, der sich per Telefon gerne Rat oder zumindest eine zweite Meinung einholt. „Wenn ich ein Problem habe, dann wende ich mich zuerst an ihn – meistens am Telefon."

Seine Umtriebigkeit, seine vielen Reisen zu Galerien und Ausstellungseröffnungen führen den Künstler immer wieder dank des Einflusses von Ehefrau Gundi in die Schweiz, in die Nähe von Basel und nach Lörrach. In Maulbach entfaltet sich eine äußerst produktive Zusammenarbeit mit der Druckerei Hornberger. Hornberger übernimmt den Druck von Katalogen und Plakaten.

Unter der Referenz für die Hornberger Druckerei wird auf der Bildtafel als ein verschlüsseltes Zeichen Bezug auf die Dortmunder Galeristen Regina und Toni Zorzycki genommen, die immer wieder auch Bilder von Otmar Alt ausgestellt haben und in ihrem Fundus führen.

Otmar Alt und Eckard Hornberger begutachten einen Andruck

Kreative Verbindung: Otmar Alt (mit dem Elefanten August) realisiert seit 1985 mit dem Münsteraner Allwetterzoo mehrere Projekte

1988 entsteht eine große Plastik für Friedberg im Auftrag des Architekturbüros Wolfgang Faig. Skulpturen und Plastiken werden erneut zu einem bevorzugten Thema für den Künstler. In diesem Zusammenhang kommt dem Chronisten auch die Zusammenarbeit zwischen Otmar Alt und dem Münsteraner Allwetterzoo wieder ins Gedächtnis.

Mit dem Hund „Knutschi" hat alles angefangen. Denn „Knutschi", von Otmar Alt gestaltet, war eine von 200 Tierplastiken, die im Rahmen der Ausstellung „Animalia 85", einer Präsentation von Tierplastiken des 20. Jahrhunderts im Allwetterzoo Münster, ausgestellt wurden. Das jüngere Publikum war gerade von „Knutschi" besonders angetan und brachte den Münsteraner Galeristen Eberhard Schnake auf die Idee zu einem Kunstprojekt mit dem Titel „Zoo im Zoo".

Dank der Spendenbereitschaft zahlreicher Münsteraner Bürger und Firmen standen ausreichend Mittel zur Verfügung, um zehn Tierplastiken von Otmar Alt anzukaufen, die der Künstler eigens für das Zoogelände in Münster anfertigte. Seit Dezember 1985 sind die zehn leuchtend bunten Tierskulpturen aus PVC als Dauerstellung im Münsteraner Tierpark zu sehen.

Das Projekt wurde seinerzeit mit Unterstützung des damaligen Zoodirektors Götz Ruempler und der Marketingleiterin Ilona Zühlke betrieben. Die Plastiken erfreuen bis heute die Besucher des Münsteraner Zoos, nachdem sie 1991 von Alt noch einmal überarbeitet und neu angestrichen wurden. Ein Jahr später erlebte die Zusammenarbeit zwischen dem Künstler und dem Allwetterzoo eine Renaissance: Als krönender Abschluss der Alt-Open-Air-

„Hund" - eine von zehn Plastiken des Projektes „Zoo im Zoo"

Aktion übergaben die Prinzipalmarktkaufleute von Münster dem Zoo eine Bronzeskulptur von Otmar Alt, den „Blumenvogel".

Im Reigen der im Zoo ausgestellten Elefanten, Katzen und Vögel in der rechten unteren Ecke der Tafel taucht auch eine Frau mit Katzenkopf auf. Sie steht für die Marketingleiterin Ilona Zühlke, die Otmar Alt in der Zeit als eine modebewusste und modeinteressierte Frau kennen gelernt hat. „Ich erinnere mich, dass sie vor ihrer Zeit beim Zoo, eine eigene Modekollektion entworfen hat", berichtet der Künstler.

In der Erinnerung Alts sind drei Ereignisse aus dem Jahr 1988 haften geblieben: Das Gladbecker Geiseldrama, der Tod des bayerischen Ministerpräsidenten Franz Josef Strauß und der Anschlag von Lockerbie.

Das Gladbecker Geiseldrama ist vielen vor allem wegen seiner fragwürdigen Sensationsberichterstattung und wegen des Verhaltens einiger Journalisten noch in Erinnerung. Böse Zungen behaupten, die Entwicklung des Dramas sei durch die Sensationsgier der Medien begünstigt worden, ja es gäbe sogar eine Mitschuld der Medien an dem Verlauf der Geiselnahme.

Am Morgen des 16. August nahmen Dieter Degowski und Hans-Jürgen Rösner, zwei vorbestrafte Kriminelle, im Anschluss an ihren Überfall auf die Filiale der Deutschen Bank im nordrhein-westfälischen Gladbeck mehrfach Geiseln und flüchteten mit ihnen zwei Tage lang durch Deutschland und die Niederlande.

Die dramatische Verfolgungsjagd endete am 18. August in einer Polizeiaktion auf der Autobahn 3 zwischen den Anschlussstellen Siebengebirge und Bad Honnef/Linz kurz vor der Landesgrenze zu Rheinland-Pfalz.

Im Laufe der Flucht erschoss Degowski den 15-jährigen Italiener Emanuele de Giorgi in einem gekaperten Linienbus. Eine zweite Geisel, die 18-jährige Silke Bischoff, starb während der abschließenden Polizeiaktion auf der Autobahn. Laut Behördenangaben wurde der tödliche Schuss auf sie aus der Waffe Rösners abgegeben. Während der Verfolgung in die Niederlande war zuvor bereits ein Polizist bei einem Zusammenstoß mit einem LKW ums Leben gekommen.

Neben der heftigen Kritik an der Rolle der Journalisten (Behinderung der Polizeiarbeit, Hilfeleistung gegenüber den Straftätern, gewissenlose Live-Berichterstattung) wurden auch gegen die Verantwortlichen bei der Polizei der beteiligten Bundesländer schwere Vorwürfe wegen schlechter Einsatzkoordination und zahlreicher Fehler erhoben.

Die beiden Täter, Hans-Jürgen Rösner und Dieter Degowski, wurden am 22. März 1991 vom Landgericht Essen zu lebenslangen Haftstrafen verurteilt.

Franz Josef Strauß gehörte zu der Regie der charismatischen Politiker der Nachkriegsära. Er war ein Vollblutpolitiker, wie er im Buche steht. Wie kaum ein anderer verkörperte und vertrat er zeitlebens die erzkonservativen Überzeugungen der bayerischen CSU.

Der 1915 in München geborene Staatsmann hatte als Politiker die verschiedensten Positionen und höchsten Ministerämter inne. Von 1978 bis zu seinem Tod 1988 amtierte er als Ministerpräsident des

Freistaates Bayern. Bei der Bundestagswahl 1980 trat Strauß für die Unionsparteien als Herausforderer von Bundeskanzler Helmut Schmidt an, unterlag aber. Strauß war von 1961 bis zu seinem Tod Vorsitzender der CSU. Wie kaum ein anderer hat er die Geschicke seiner Partei bestimmt.

Zudem war er ein begnadeter und charismatischer Redner. Seine Beiträge im Deutschen Bundestag und im Bayerischen Landtag waren berühmt-berüchtigt. Er polarisierte und griff wortreich mit einem sprühenden Intellekt seine Gegner an. Man kann ihn als den ebenbürtigen Gegenspieler von Wehner, Brandt und Schmidt bezeichnen.

Im Verlauf seiner politischen Karriere war Strauß in verschiedene Skandale verwickelt, die er trotz aller Anfeindungen des politischen Gegners immer einigermaßen gut überstanden hat. Franz Josef Strauß forcierte beispielsweise als Verteidigungsminister den Kauf von 916 amerikanischen F-104 Starfighter-Kampfflugzeugen. Deren Hersteller hatte in mehreren NATO-Staaten die Entscheidung zur Beschaffung des Modells mit Schmiergeldern beeinflusst.

Zu trauriger Berühmtheit kam Strauß durch die sogenannte „SPIEGEL-Affäre", bei der sich das Nachrichtenmagazin DER SPIEGEL 1962 aufgrund eines kritischen Artikels von Conrad Ahlers rechtswidrig der Strafverfolgung wegen angeblichen Landesverrats ausgesetzt sah und die Redaktionsräume gestürmt sowie Mitglieder der Redaktion in Untersuchungshaft genommen wurden. Strauß leugnete zunächst, Genaueres über die Angelegenheit zu wissen. Nachdem jedoch klar geworden war, dass er als Minister das Parlament belogen hatte, versuchte er Zeit zu gewinnen, indem er ankündigte, in der nächsten Legislaturperiode nicht mehr für ein Ministeramt zur Verfügung zu stehen.

Im Kabinett der Großen Koalition unter Bundeskanzler Kurt Georg Kiesinger wurde Strauß im Dezember 1966 Bundesminister der Finanzen. Obwohl er zuvor gerne und oft die verbale Konfrontation mit der SPD gesucht hatte, arbeitete Strauß vertrauensvoll und erfolgreich mit dem sozialdemokratischen Wirtschaftsminister Karl Schiller zusammen.

Strauß entwickelte sich zum lautstarken Kritiker der Ostpolitik von Bundeskanzler Willy Brandt. Die Ostverträge mit der UdSSR und Polen und den sogenannten Grundlagenvertrag lehnte er entschieden ab, da er in ihnen ein Zurückweichen vor sowjetischen Hegemonialansprüchen sah.

1983 sorgte Strauß dann seinerseits durch das Einfädeln eines Milliardenkredits für die DDR für Aufregung, auch in den eigenen Reihen.

Strauß verunglückt Anfang Oktober 1988 bei der Jagd unter nicht ganz geklärten Umständen und verstarb drei Tage später in Folge seiner Verletzungen in einem Regensburger Krankenhaus. Mit seinem Tod ging eine politische Ära zu Ende.

Im Dezember 1988 kam es zum Absturz einer amerikanischen Passagiermaschine über dem schottischen Lockerbie, der sich bei den Ermittlungen und den Recherchen nach den Ursachen als ein Terroranschlag entpuppte. Nach den kriminaltechnischen Ermittlungen und dem anschließenden Urteil schottischer Strafgerichte handelte es sich bei dem Anschlag von Lockerbie um einen staatsterroristischen Akt libyscher Geheimdienstler.

Bei dem Anschlag kamen alle 259 Insassen der Maschine sowie am Boden elf Bewohner Lockerbies ums Leben. Die Katastrophe von Lockerbie wurde größtenteils als ein Anschlag auf ein Symbol der USA gesehen.

Libyen hat niemals eine wie auch immer geartete Beteiligung an dem Anschlag eingeräumt, sich jedoch im Rahmen von Verhandlungen zur Beilegung seiner Konflikte mit den USA zu der Erklärung bereitgefunden, es „akzeptiere die Verantwortung für Taten seiner Offiziellen". Libyen zahlte bisher 2,46 Milliarden US-Dollar Entschädigung an die Hinterbliebenen der Opfer.

1989 - 90

Der Fall der Mauer

Unterdrückung und Freiheit – das sind die beiden Antipoden, die zwischen 1989 und 1990 wieder einmal weltpolitisch von sich Reden machen.

Am 4. Juni 1989 kommt es, wie als bittere Ironie der Geschichte, ausgerechnet auf dem Tian'anmen, dem Platz des himmlischen Friedens in Peking zu einem blutigen Massaker. Dieses Massaker wird zum weltweiten beachteten Fanal für die chinesische Protestbewegung und deren Niederschlagung. Es ist zugleich der Endpunkt der monatelangen Proteste der chinesischen Demokratiebewegung. Ausgegangen waren die friedlichen Proteste von Studenten und Intellektuellen, die sich immer mehr ausdehnten und schließlich selbst die Bevölkerung mobilisierten.

Der Platz des himmlischen Friedens ist ein Platz im Zentrum von Peking. Er ist etwa 40 Hektar groß und gilt als größter befestigter Platz der Welt. An der Nordseite steht das Tian'anmen, das Tor des himmlischen Friedens, hinter dem der Kaiserpalast anschließt. Bis 1911 war dieser Platz öffentlich gar nicht zugänglich. Seit 1911 ist er eine wichtige Demonstrationsstätte mit einem Fassungsvermögen von bis zu einer Million Menschen.

Nachdem die Protest- und Demokratiebewegung, die vom Platz des himmlischen Friedens ausgeht, auf die Bevölkerung übergreift, sieht sich die politische Führung bedroht. Es kommt zu einer Eskalation, in der rund um Peking Truppen der Volksarmee zusammengezogen werden. Bei dem Ausnahmezustand, der über Peking verhängt wird, um die Proteste niederzuschlagen, werden nach Schätzung von Amnesty International etwa 3.000 Menschen, viele von ihnen Studenten, getötet. Es kommt zu Auseinandersetzungen, bei denen auch Soldaten verletzt und einige getötet werden.

Die meisten Toten gibt es nicht bei dem namengebenden Massaker auf dem Platz selber, sondern an verschiedenen Stellen der Stadt, wo Studenten, aber eben auch die sich mehr und mehr solidarisierende Bevölkerung Barrikaden errichtet haben. Allerdings ist der Platz während der Proteste im Land selber und weltweit zu einem Freiheitssymbol geworden: Hier hatten Studenten eine Zeltstadt errichtet, um mit einem Hungerstreik gegen die Machthaber zu protestieren. Zum Zeitpunkt der Niederschlagung des Protestes befanden sich noch etwa 5.000 Studenten auf dem Platz.

An die Niederschlagung der Proteste schloss sich eine Welle der Repressionen seitens der Staatsführung an. Am 13. Juni wurde eine Liste mit den 21 meistgesuchten Aktivisten der Studentenbewegung veröffentlicht. Außerdem wurden Arbeiter, die sich an den Protesten beteiligt hatten und kritische Intellektuelle verhaftet. Sie wurden anschließend in wenig rechtsstaatlichen Prozessen zu langen Haftstrafen, teilweise auch zur Todesstrafe verurteilt. Im Zusammenhang mit dem Tian'anmen-Massaker wurden 49 Demonstranten hingerichtet. Die meisten waren missliebige Arbeiter und keine Studenten.

Zeitlich, beinahe parallel, kommt es in der DDR zu einer Umwälzung, zur „Wende", die schließlich zum Ende des Jahres 1990 in die deutsche Wiedervereinigung einmündet. Möglich geworden ist diese Entwicklung durch den Fall der Mauer am 9. November 1989 in Berlin. Es ist der letzte symbolische Akt, dass das sozialistische System in der DDR zusammengebrochen ist.

Dem vorangegangen war, dass am 2. Mai 1989 Ungarn seine Grenzanlagen zu Österreich abgebaut hatte. Hunderte von DDR-Bürgern schlüpfen durch dieses Nadelöhr über Ungarn in den Westen. Gleichzeitig machten sich zahlreiche DDR-Bürger auf, um in den Botschaften der Bundesrepublik, in Budapest, Prag und Warschau und in der Ständigen Vertretung in Ost-Berlin bundesdeutsche Reisepapiere zu erhalten. Die Botschaften quellen förmlich über und müssen im August/September 1989 wegen Überfüllung geschlossen werden. Am 19. August kommt es zu einer Massenflucht von DDR-Bürgern nach Österreich.

Wenige Tage später ist der öffentliche Druck so groß, dass am 10. September die ungarische Regierung die Grenzen nach Österreich öffnet. Die Flüchtlinge können ausreisen.

Am 30. September folgen die Botschaftsflüchtlinge in Prag und Warschau. Sie werden mit verschlossenen Sonderzügen im Transit über DDR-Gebiet nach Westen gefahren.

In der DDR formiert sich eine eigene Freiheitsbewegung. Mit dem 4. September finden nach den wöchentlichen Friedensgebeten die Montagsdemonstrationen in Leipzig statt. Der Zulauf wird immer größer. Am 9. Oktober erschallt auf einer dieser Montagsdemonstrationen mit immerhin rund 70.000 Teilnehmern erstmals der Ruf: „Wir sind das Volk". Er wird zum Schlachtruf der Bewegung.

Ein Trabi wird durch Otmar Alt zum Kunstobjekt

Diese ist für die Machthaber nicht mehr zu kontrollieren. Der jahrzehntelang zurückgehaltene Widerstand bricht mit einem Mal sich Bahn. Ab dem 3. November dürfen DDR-Bürger ohne Formalitäten über die Tschechoslowakei ausreisen. Abermals gibt es eine regelrechte Ausreisewelle. Das Land scheint auszubluten.

Am 4. November findet in Berlin auf dem Alexanderplatz die größte Demonstration der DDR statt. Man geht davon aus, dass an ihr etwa eine Million Menschen teilgenommen haben. Der friedliche Protest ist zu einer echten Massenbewegung geworden. Der Druck des Volkes nimmt weiter zu. Am 7. November treten die Regierung der DDR und das Politbüro der sozialistischen Partei zurück.

Zwei Tage später verliest Günter Schabowski vor laufenden Kameras, dass ab sofort Privatreisen ins „Ausland", damit auch nach dem Verständnis der Machthaber in die Bundesrepublik und nach West-Berlin ohne Vorliegen von Voraussetzungen wie Reiseanlässen oder Verwandtschaftsverhältnissen beantragt werden können. Schabowski erklärt in der berühmten Pressekonferenz, die Genehmigungen würden kurzfristig erteilt. Ausreisen können „ab sofort" über alle Grenzübergangsstellen der DDR zur Bundesrepublik erfolgen. Daraufhin eilen Tausende in der Nacht noch an die Grenzen und überraschen mit der Neuigkeit selbst die Grenzsoldaten. Die Schlagbäume werden hochgezogen. Es kommt zu einer unkontrollierten Massenflucht. Die deutsch-deutsche Grenze existiert nur noch auf dem Papier.

Bundeskanzler Helmut Kohl unterbricht seinen Staatsbesuch in Warschau und spricht am Abend des 10. November vor dem Schöneberger Rathaus in Berlin auf einer Kundgebung vor 30.000 Teilnehmern aus Ost und West.
Die Wiedervereinigung hat begonnen. „Jetzt wächst zusammen, was zusammengehört." Damit formuliert Willy Brandt gewissermaßen das Credo der friedlichen Vereinigung,die am Ende mit dem Deutsch-Deutschen Einigungsvertrag besiegelt wird.

Otmar Alt erinnert sich an diese aufregende Zeit. „Irgendwie hatte keiner mehr daran geglaubt", sagt der Künstler. „Dass es dann doch so schnell abgelaufen ist, war fantastisch." Wie die meisten Bundesbürger verfolgt Otmar Alt den Fall der Mauer am Fernsehen. „Da flossen Freudentränen." Auf der Bildtafel hat er den Prozess der Wiedervereinigung mit seinen Mitteln kommentiert: Ein Zeppelin, Symbol der Freiheit, fliegt über das Brandenburger Tor. „Tatsächlich haben in den Jahren zuvor ja einige DDRler das Land mit einem Heißluftballon verlassen und sind in den Westen geflüchtet."

Otmar Alt betätigt sich einmal mehr in seiner Wahlheimat als Künstler. Im Hafen von Hamm wird ein ehemaliges Kanalschiff von ihm angemalt und zu einem eigentümlichen Kunstwerk. Das Schiff trägt den Namen „Ekke Nekkepen". Der Name erinnert

„Ekke Nekkepen" - das Kanalschiff wird durch Otmar Alt zum Kunstobjekt

an eine alte friesische Legende, nach der vor langer Zeit ein Meermann namens Ekke Nekkepen in den Tiefen und Prielen um die nordfriesischen Inseln lebte.

1989 kommt es zu einer ersten Zusammenarbeit zwischen dem westfälischen Wursthersteller Wiltmann und dem Künstler Otmar Alt. Der junge, kunstbegeisterte Inhaber der traditionsreichen Wurstfabrik in Peckeloh bei Versmold, Wolfgang Ingold, erfindet die „Gläserne Produktion", um zu verdeutlichen, dass bei Wiltmann nur das in Wurst kommt, was auch hineingehört. Die Besucher sind begeistert und nehmen das Angebot gerne an. Seither steht die Wurstfabrik auf dem Programm von vielen Ausflüglern und Betriebsausflügen. Die gesamte Produktion der Wurstherstellung kann von interessierten Kunden hinter einer Glasscheibe verfolgt werden.

Zugleich nutzt Wiltmann die Bilder von Otmar Alt als Imageträger und für seine Corporate Identity. Die Herstellung von hochwertiger Qualitätswurst wird als eine eigene Kunst vorgestellt. Wichtigster Partner des Unternehmens in Sachen Kunst ist und bleibt: Otmar Alt.

Alt gestaltet in Peckeloh Kunst im und am Unternehmen. So entsteht eine Vielzahl von sehr effektvollen Marketinginstrumenten. Selbst auf der Lebensmittelmesse ANUGA wird der Stand von Wiltmann regelmäßig mit Kunst von Otmar Alt öffentlichkeitswirksam aufgewertet. Im Zuge dieser intensiven Zusammenarbeit entwickelt sich eine tiefe Freundschaft zwischen dem Künstler und Wolfgang Ingold. Ingold wird zu einem der wichtigsten Sammler der Werke von Otmar Alt.

„Otmar Alt – das sind für mich mehr als 25 Jahre Diskussion, Auseinandersetzung, Einigung: kurzum Freundschaft."

Wolfgang Ingold

Die Otmar-Altsche Glasfront bei Wiltmann

„Ich bin in meinem Leben nur wenigen Menschen begegnet, auf die Vorzüge wie Großzügigkeit, Vertrauen, Verlässlichkeit, selbstlose Hilfsbereitschaft neben überschäumender Fantasie und künstlerischer Meisterschaft in einer Person vereint ist. All das ist Otmar Alt." **Jaschi Jaschinski**

Szenenbild aus „Die kleine Hexe"

Das wichtigste Projekt für Wiltmann ist die Gestaltung der Fassade auf der Rückseite des Produktionsgebäudes. Über eine Länge von 67 Metern dekoriert ein zwei Meter hohes, abstraktes Gemälde in drei Teilen, eine Art Tryptichon, die Gebäudewand. Das Projekt wird im Sommer 2000 fertiggestellt. Rad- und Autofahrer können auf den Wegen rund um Peckeloh das bunte Farbenspiel schon aus zwei Kilometern Entfernung sehen.

Durch die Verwendung von Folie mit Glaseffekt hat Otmar Alt dem Werk besondere Leuchtkraft verliehen. Das Wiltmann-Produktionsgebäude erscheint als Kunstobjekt inmitten der Felder Westfalens. Die Integration von diesem und anderen Werken Otmar Alts ermöglicht es dem Fleisch- und Wurstwarenhersteller, augenfällig ein Zeichen im Einheits-Allerlei vieler Außendarstellungen von Unternehmen zu setzen. Maßgeblich an dieser Entwicklung beteiligt ist auch der Marketingleiter des Unternehmens, Wilhelm Schumacher, der über die Jahre ebenfalls zu einem Freund des Künstlers wird. „Mit der Symbiose aus Kunst, Architektur und Natur und dem, was wir tun, wollen wir das Profil unserer Marke stärken. Ziel ist eine Ästhetisierung und Aufwertung unserer Arbeit wie unserer Produkte", erklärt Wolfgang Ingold sein Engagement für die Kunst des Otmar Alt.

Beim Westdeutschen Tourneetheater in Remscheid (WTT) übernimmt Otmar Alt auf Betreiben des damaligen Intendanten Jaschi Jaschinski und des Schauspielers Matthias Clauß die Ausstattung für das Kindertheaterstück „Die kleine Hexe". Das Theater hat es sich auf seine Fahne geschrieben, mit einem Kinderstück auf Reisen zu gehen, um mit den Einnahmen kranken Kindern zu helfen. Otmar Alt entwirft kostenlos das Bühnenbild und die Kostüme. Das Theater spielt, die RWE zahlt, und der Erlös der Eintrittskarten kommt zur Gänze der Kinderkrebshilfe zugute. Nach zweijähriger Laufzeit und 55 Vorstellungen in ganz Deutschland kann sich die Kinderkrebshilfe über das Einspielergebnis von rund 150.000 Euro freuen.

1989 arbeitet Otmar Alt zum ersten Mal mit der Firma Carl Frei, einer der berühmten Orgelwerkstätten in der Orgelgemeinde Waldkirch im Schwarzwald, zusammen. Es entsteht eine erste Künstlerdrehor-

Orgelkreation „Katzenorgel" von Otmar Alt

gel, die „Katzenorgel", deren Vorderseite mit einem Katzengesicht verziert wird. In den Folgejahren arbeitet Otmar Alt immer wieder mit Orgelbauern aus Waldkirch zusammen. So haben im Jahr 1999 alle vier Orgelbauwerkstätten die moderne, zukunftsweisende 2,80 Meter hohe Jahrmarkt- und Künstlerorgel „Altobella Furiosa" gebaut, ein Novum. Entworfen hat sie Otmar Alt.

Im Sommer 1990 feiert der Künstler seinen 50. Geburtstag. Das rauschende Fest findet auf dem westfälischen Wasserschloss Raesfeld statt, dort wo Otmar Alt bereits vor einigen Jahren einmal mit einer Wohnstatt und einem Atelier im Schlossturm geliebäugelt hatte – bevor er sich dann in Norddinker niedergelassen hat.

Zwischen 1989 und 1990 rückt der Schiefe Turm von Pisa mehrmals in die Schlagzeilen. Seine Neigung ist in den letzten Jahren so groß geworden, dass er beinahe täglich umzustürzen droht. Touristen können schon seit Jahren nicht mehr auf ihm herumklettern. Die Gefahr des Einsturzes wäre zu groß. Eine beispiellose Rettungsaktion wird geplant und schließlich durchgeführt, nachdem die vorherigen Versuche den Turm beinahe haben kippen lassen. Otmar Alt stellt auf seiner Bildtafel dem Wahrzeichen der Stadt Pisa einen Stützstock zur Verfügung. Ein symbolisches Hilfsangebot.

Am Ende der letzten Rettungsaktion ist der Turm zwar immer noch schief, aber zumindest droht er vorerst nicht mehr umzufallen. Die Sanierungsfirma verspricht, dass die Stützaktion für die nächsten 300 Jahre halten wird. Auf der Piazza dei Miracoli hat die Technik jedenfalls ein Wunder vollbracht. Nach unzähligen misslungenen Versuchen steht der Schiefe Turm von Pisa jetzt endlich wieder ein bisschen aufrechter.

Drei Jahre lang wurde unter der Nordseite des Turms Erdreich herausgebohrt. Dreißig Tonnen Erde mussten entfernt werden, um das Gebäude um vierzig Zentimeter aufzurichten. Zur Sicherheit wurde der Turm während der Sanierung mit Bleigewichten beschwert und mit Stahlseilen verspannt.

Übrigens lockte seine sprichwörtliche Schieflage schon im Mittelalter die Touristen an und ist auch heute noch die eigentliche Attraktion des prächtigen Bauwerks. Der Glockenturm sollte ein Zeichen für die Macht Pisas sein – doch er wurde zum Symbol für die Vergänglichkeit der Architektur.

Die Bildtafel für die Jahre 1989 und 1990 wird mit dem Bildnis des großen spanischen Surrealisten Salvator Dalí abgeschlossen. Der berühmte Künstler stirbt am 23. Januar 1989 in Figueres, Girona, Katalonien. Dalí war ein Multitalent, dem es einen Heidenspaß machte, sein Publikum immer wieder zu verblüffen und zu schockieren.

Dalí war Maler, Grafiker, Schriftsteller, Bildhauer, Bühnenbildner, Filmemacher und Schauspieler in Personalunion. In Erinnerung bleiben seine fantastischen Bilder, die mitunter wie ein Alptraum daherkommen oder direkt der Psychoanalyse des Künstlers entsprungen scheinen. Sein malerisches Können erlaubte es ihm, seine Gemälde in einem altmeisterlichen Stil zu kreieren, mit einem Detailreichtum und einer Präzision, die wie ein Vorgriff auf den späteren Fotorealismus erscheint.

Dalís häufigste Themen sind außer der Welt des Traums, die des Rausches, des Fiebers und der Religion. Oft ist in seinen Gemälden seine Frau Gala dargestellt. Dalís Sympathie für den spanischen Diktator Francisco Franco führte vielfach zu Kontroversen bei der Bewertung seiner Person und seiner Werke.

1991 - 93

Der Künstler als Anstifter

Die Grundsteinlegung wird bildlich gesprochen zu einem Stein des Anstoßes, das ins Leben gerufene Projekt soll zu neuen Taten aufrütteln: Otmar Alt legt 1991 den ersten Stein für die nach ihm benannte Stiftung, die auf dem bäuerlichen Anwesen in Norddinker entsteht und die sich in den folgenden Jahren weiter entwickeln soll.

Der Künstler gibt mit der Einrichtung seinem kunst- und sozialpolitischen Engagement einen offiziellen Rahmen. Er wird zum Anstifter, der auf die engagierte Mitwirkung von Freunden und Mitstreitern baut. Der Freundeskreis wird von der Entwicklung förmlich überrascht. Die meisten schließen sich dem Projekt an, zumal Otmar Alt bereits an vielen Stellen als Stifter und Anstifter engagiert ist. Etliche seiner Arbeiten hat er für wohltätige Zwecke gespendet und damit bei vielen Projekten seine Unterstützung geleistet.

Die gemeinnützige Stiftung wird 1991 in Frankfurt errichtet, nachdem sich in der Stadt Hamm das erforderliche juristische Prozedere als zu umständlich und langwierig erwiesen hatte. In die Stiftung fließt das gesamte künstlerische Lebenswerk ein. Es soll auf dem Stiftungsgelände der Allgemeinheit zugänglich gemacht werden.

Darüber hinaus hat sich die Stiftung zur Aufgabe gemacht, begabte junge Künstler durch die Vergabe halbjähriger Stipendien zu fördern. Die Stipendiaten bekommen die Möglichkeit, für ein halbes Jahr in der Abgeschiedenheit und Beschaulichkeit der Stiftung ein eigenes Projekt zu verfolgen. Außerdem erhalten sie im Anschluss an ihre Zeit in der Stiftung ein Forum zur Präsentation ihrer Werke.

Das Stiftungsareal besteht aus mehr als 13.000 Quadratmetern Fläche, die schrittweise in den folgenden Jahren zu einem Skulpturengarten mit einem Amphitheater und einer Teichanlage entwickelt wird. Außerdem werden hier die Gebäude errichtet, die die Stiftung sowie die Verwaltung, die Atelierräume und Aufenthaltsräume für junge Stipendiaten und repräsentative Ausstellungsflächen beherbergen. Hier bietet sich zugleich die Möglichkeit, die Werke Otmar Alts kunstwissenschaftlich aufzuarbeiten.

Anfänge der Otmar-Alt-Stiftung

In der Stiftung werden regelmäßig Ausstellungen von verschiedenen bildenden Künstlern gezeigt. Darüber hinaus finden hier Konzerte und Lesungen, Kabarett- und Theaterveranstaltungen statt.

Im gleichen Jahr entsteht aus einem spontanen Impuls die „Gruppe Zeller". Hinter der Gruppe steckt eine lockere Verbindung langjähriger Freunde und Wegbegleiter. Mit der Namensgebung erweist man Gundi Alt ihre Referenz, denn Zeller war ihr ursprünglicher Mädchenname. Die „Gruppe Zeller" erweist sich als eine reisefreudige Truppe, mit der Otmar Alt und seine Frau Gundi einige Reisen unternehmen. Auf der Tafel wird die Gruppe mit einem Dampfer symbolisiert.

Unter den engsten Freunden befindet sich Hotte Matznik, den der Künstler noch aus seiner Zeit in Berlin kennt und zu dem er bis heute einen regelmäßigen Kontakt pflegt. Hotte Matznik gehört neben Hans Geiger zu den ältesten Freunden von Otmar Alt.

Die Stirn der Bildtafel wird von einem Katzenemblem bestimmt. Es ist das verbindende Symbol, das für eine Aufsehen erregende Kunstaktion in der Innenstadt von Münster entstand. Auf Betreiben des Galeristen Eberhard Schnake finden sich die Kaufleute des altehrwürdigen Prinzipalmarktes in Münster zusammen und bieten dem Künstler in ihren Geschäften unter den Bögen eine Bühne für eine

Dietmar und Susi Rapp, Inge und Jörg Holsträter, Gundi und Otmar Alt (v.l.n.r.) bezeichnen sich als „Gruppe Zeller"

„Beutelschieber"

„Das Schiffssymbol weist darauf hin, dass der Reiseschwerpunkt der fidelen Gruppe auf den Meeren und Flüssen der Welt liegt." **Gruppe Zeller**

Hotte Matznik (r.) im Gespräch mit Clemens Kania

„Alt, ein Mann meines Herzens - nicht nur in der Kunst, besonders als Mensch und Freund mit außergwöhnlicher Prägung seit unendlichen Jahren." **Hotte Matznik**

ungewöhnliche Ausstellung. Da das alte Rathaus in dieser Zeit für Sanierungsarbeiten eingerüstet und mit Folie verhüllt ist, wird das Katzenemblem für die Zeit der Ausstellung wie das neue Wahrzeichen der Stadt auf der Schutzfolie angebracht.

Im September 1991 machten deutsche Touristen in Südtirol einen spektakulären Fund: Auf einem Gletscher entdeckten sie eine Mumie – die Leiche eines Mannes, der vor ungefähr 5.300 Jahren, also in der ausgehenden Jungsteinzeit (Neolithikum) beziehungsweise in der Kupferzeit (Äneolithikum, Chalkolithikum) gelebt hat.

Weil der Fundort in den Ötztaler Alpen liegt, bekommt die Leiche des Gletschermannes den Namen „Ötzi". Da die Leiche die ganze Zeit gefroren war, blieb sie über die Jahrtausende hinweg gut erhalten. Die Kleidung und das Werkzeug, das „Ötzi" bei sich trug, wurden ebenfalls gefunden. Er war mit Fell und Leder, einer Fellmütze und Lederschuhen bekleidet. Bei sich trug er Pfeil und Bogen. Sogar eine Art Rucksack führte „Ötzi" mit sich.

Viele Wissenschaftler haben sich in den letzten Jahren mit „Ötzi" beschäftigt. Er wurde geröntgt und mit Hilfe von Computern genau untersucht. Heute befindet sich der Gletschermann im Archäologiemuseum in Bozen. Dort wird der Mann aus dem Eis in einer extra für ihn entwickelten Kühlzelle aufbewahrt.

1991 wird auf der Veste Coburg mit tatkräftiger Unterstützung von Ursula und Volker Kapp eine Ausstellung mit neueren Glasobjekten des Künstlers gezeigt. Die stattliche Burg beherbergt vielbeachtete Sammlungen, unter anderem Gemälde und Skulpturen, ein Münzkabinett, eine Rüstungs- und Waffensammlung, Prunkwagen und Turnierschlitten sowie eine große Glassammlung. Diese Glassammlung enthält etwa 2.700 kostbare Gläser. Schwerpunkte sind venezianische Gefäße in einer der umfangreichsten Sammlungen außerhalb Venedigs, bemaltes und geschnittenes Glas des Barock und des Rokoko und Gläser des 19. Jahrhunderts, des Jugendstils und des Art Deco.

Bei der Ausstellung mit Glasobjekten von Otmar Alt handelt es sich um eine geschlossene Werkgruppe, die zwischen 1988 und 1990 entstanden ist. Dazu erscheint im Artcolor Verlag ein reich bebilderter Katalog unter dem Titel „Glasgrotesken". Der Katalog wird von dem Romanisten Professor Volker Kapp herausgegeben. Im Vorspann erklärt der Künstler, was ihn an dem Werkstoff Glas besonders reizt, dessen Bearbeitung er in der Glashütte Schritt für Schritt mitverfolgt hat: „Glas ist für mich ein neues Material, das mich neugierig gemacht und berührt hat. Der Werkstoff hat etwas Fließendes und reizte mich zu gestalterischen Arbeiten."

Herausgekommen sind fantastische Figuren, die durch das farbige Glas eine faszinierende Wirkung ausüben. „Ich bin ein erzählender Mensch", erklärt der Künstler. „Ich habe in diesem Material reiche Möglichkeiten gefunden, meinem Prinzip der Mischung von Figürlichkeit und Abstraktion eine neue Facette abzugewinnen." Die Ausstellung mit den Glasobjekten wird außerdem im Kunstgewerbemuseum Berlin, im Ostfriesischen Landesmuseum Emden und im Glasmuseum Frauenau gezeigt.

„Eine echte Alternative zum Gleichförmig-Alltäglichen - die wuchernden Formen und leuchtenden Farben, mit denen Otmar Alts Schaffen die Reserven unserer Fantasie mobilisiert." **Volker und Ursula Kapp**

Am 4. Dezember 1993 stirbt in Laurel Canyon Kalifornien der amerikanische Komponist und Musiker Frank Vincent Zappa. Zappa war auch in der Erinnerung des Künstlers zu seinen Lebzeiten das enfant terrible der Pop- und Rockmusik. Ihm ist es immer wieder gelungen, die Öffentlichkeit durch spektakuläre Auftritte und anarchische Bühnenshows zu provozieren. Zappa war ein vielseitiger Künstler, der sich nicht nur als Musiker, Sänger und Komponist einen Namen gemacht hat, sondern auch als Produzent und Filmregisseur. Auf der Bildtafel wird Zappa mit einer seiner provozierenden Performances zitiert: Zappa sitzt mit heruntergelassenen Hosen auf einer Toilette. Das Foto ging seinerzeit um die Welt.

Auf der Bildtafel kann der Betrachter unten links einen schwarzen Raben entdecken, der vor einer märchenhaften Burg steht. Die Faszination des Künstlers für den Rabenvogel geht auf einen Besuch und eine eigene Ausstellung in der Stadt Merseburg zurück. Auf dem dortigen Schloss begegnet er der Rabensage, die die Fantasie des Künstlers seither immer wieder beschäftigt. Seit seinem Besuch in Merseburg bezeichnet sich der Künstler gerne selbst als den „Rabenmaler".

Der Künstler greift damit die Rabensage von Merseburg auf. Dieser Sage nach besaß um das Jahr 1500 der damalige Bischof Thilo von Trotha einen goldenen Siegelring. Eines Morgens ließ er ihn am offenen Fenster liegen und bemerkte nach kurzer Abwesenheit den Verlust des Schmuckstückes. In seinem Zorn bezichtigte er seinen langjährig ergebenen Kammerdiener des Diebstahls und traf eine folgenschwere Entscheidung. Obwohl der Diener heftig seine Unschuld beteuerte, ließ er ihn in den Kerker werfen und hinrichten.

Einige Zeit später – nach einer Gewitternacht - musste an einem der Türme des Schlosses die Dachverkleidung erneuert werden. Hoch oben wurde in einem Rabennest der vermeintlich gestohlene Siegelring des Bischofs entdeckt. Durch diesen Fund war die Unschuld des Dieners erwiesen. Thilo von Trotha ließ als Mahnung, kein Urteil im Jähzorn zu fällen, im Schlosshof einen prächtigen Vogelbauer errichten. Ein Kolkrabe büßt seither für den Diebstahl in einem Käfig im Schlosshof. Besucher und Gäste schauen bis dato in den Käfig. Der Rabe von Merseburg ist eine Touristenattraktion. Allein haust er im Käfig am Schloss und blickt in die Gegend.

In Freundschaft mit dem Künstler verbunden entsteht auf Betreiben und in einer Art Bierlaune der Geschäftsleute Martina Mühlheims und Ulrich Wolfkühler im sauerländischen Kallenhardt die „Rabenbrauerei", die süffiges „Raben-Bräu" braut, das Landhaus und „Café zum Raben" sowie die „Raben-Galerie", wo regelmäßig Arbeiten von Otmar Alt ausgestellt werden.

Bei einem Besuch des Künstlers im Jahr 2002 war sein Blick auf den amerikanischen Mammutbaum vor dem heutigen „Rabencafé" gefallen, der ihn durch seine Mächtigkeit beeindruckte. Als zwei große Krähen aus diesem Baum aufstiegen, rief der Künstler aus: „Dies ist eine Rabengegend!" Damit wurden die Vögel

„Ein Leben mit einem guten Freund in Bildern zu sehen ist atemberaubend."
Martina Mülheims und Ulrich Wolfkühler

Otmar Alt, Martina Mülheims, Ulrich Wolfkühler und Elmar Bampfert bei der Eröffnung der „Raben-Galerie" (v.l.)

Otmar Alt und „Kalle", der Rabe

zum Namenspatron für das Café, die Galerie, das Bier, die edlen Schnäpse und nicht zuletzt „Kalle", der große knallbunte Rabe, der die Gäste vor dem Eingang zum Café begrüßt.

1992: Telefonkarten mit Künstlermotiven sind ein echter Renner. Kaum da sie von der Post herausgegeben werden, lösen sie einen Sammelhype aus. Telefonkarten werden zu einem begehrten Objekt. Otmar Alt wird zum Star der Szene. Er kreiert verschiedene Serien mit den für ihn typischen Motiven. Bei Gelegenheiten, wo der Künstler bei Events oder auf Messen die von ihm gestalteten Telefonkarten signiert, kommt er nur mit Personenschutz durch die wartende Menge.

Auf der Bildtafel zitiert der Künstler seine Serie von Telefonkarten mit verschiedenen Motiven zum chinesischen Horoskop. Hier zum „Jahr des Hasen" mit einem Bildnis eines schlappohrigen Hasen und einer fliegenden Möhre.

Im Jahr 1992 kreiert Otmar Alt mit Unterstützung des damaligen Präsidenten der Handwerkskammer Münster, Paul Schnitker, einen mächtigen Meisterstuhl, der seither im Foyer der HWK Handwerkskammer Münster ausgestellt ist.

Am 19. Juni 1992 wird die Kunst- und Ausstellungshalle der Bundesrepublik Deutschland in Bonn mit einem feierlichen Akt eröffnet. Die Eröffnung wird von der großen Politik begleitet, sie ist gewissermaßen auch das symbolische Abschiedsgeschenk der Bundesregierung von ihrer alten Bundeshauptstadt Bonn. Denn nach einer langen politischen Diskus-

Telefonkarten für Sammler mit Motiven von Otmar Alt

sion entscheidet das Parlament am 20. Juni 1991 Berlin zur neuen Bundeshauptstadt zu erklären und mit Amtssitz, Parlament und den allermeisten Ministerien an die Spree überzusiedeln. Nur einige Ministerien bleiben in Bonn.

Architekt der Kunst- und Ausstellungshalle in Bonn ist der Wiener Gustav Peichel. Als Haus für Wechselausstellungen bietet die Kunst- und Ausstellungshalle der Bundesrepublik Deutschland seit 1992 ein abwechslungsreiches Programm von internationaler Bedeutung. Auf dem Museumsplatz treten während der Sommermonate auf der überdachten Open-Air-Bühne internationale Stars auf. Eine weitere Attraktion des Hauses ist der öffentlich zugängliche Dachgarten, auf dem Skulpturen gezeigt werden können. Die Baukosten belaufen sich auf rund 127 Millionen Mark, die zum großen Teil durch die Bundesrepublik übernommen werden.

Die feierliche Eröffnung wird von verschiedenen Ausstellungen begleitet, die parallel gezeigt werden und die Bandbreite dieser beeindruckenden Ausstellungsfläche plakativ unterstreichen sollen. Neben einer Kunstausstellung mit Werken von Niki de Saint Phalle werden gezeigt: Territorium Artis, Pantheon der Photographie im XX. Jahrhundert, Erdsicht, Global Change und eine Ausstellung mit Planungen und Entwürfen des Architekten selber.

1994 - 95 Bürger des Ruhrgebietes

Plakatmotiv zur Ausstellung im Wuppertaler Museum

Die Bildtafel, die für die Jahre 94 und 95 steht, wird von auffallend vielen zeitgeschichtlichen Motiven bestimmt, obwohl der Künstler in dieser Zeit alles andere als untätig ist oder gar auf der faulen Haut gelegen hat. Zahlreiche Ausstellungen haben von Otmar Alt vollen Einsatz eingefordert, und 1994 stand wieder eine Bühnengestaltung für das Remscheider Tourneetheater auf dem Programm. Das Stück hieß: „Ein schöner Tag".

Auf der Bildtafel wird oben mit einem markanten Symbol der Stadt Wuppertal, dem Elefanten „Tuffi", auf die Otmar-Alt-Ausstellung im Von der Heydt-Museum in Wuppertal angespielt. Die Arbeiten an dem Ausstellungskatalog bringen den Künstler mit Reiner Meyer zusammen, der seither die Arbeit des Künstlers unterstützt. Reiner Meyer ist seit vielen Jahren Vorsitzender des Freundeskreises der Otmar-Alt-Stiftung und bestimmt die Geschicke des Vereins entscheidend mit.

Der Stadt Wuppertal setzt der Künstler mit dem Bildnis des kleinen Elefanten „Tuffi" ein künstlerisches Denkmal. Mit seinem beherzten Sprung in die Wupper hatte sich der kleine Elefant 1950 in die Herzen der Bürger eingegraben. Dabei war der ursprüngliche Anlass in Wirklichkeit gar nicht so lustig, wie es die Legende überliefert.

„Tuffi" wurde seinerzeit von seinem Arbeitgeber, dem Zirkus Althoff, als Werbeträger eingesetzt. Dafür löst Zirkusdirektor Carl Althoff werbewirksam vier Tickets für den Elefanten zu einer Fahrt mit der Schwebebahn. Der Elefant war damals bereits gut 700 Kilo schwer. Althoff lässt den Elefanten in ein Abteil bugsieren. Aber während der Fahrt wird das Tier unruhig, tritt sogar nach Althoff und drängt die mitfahrenden Reporter gegen die Abteilwand. Der Zirkusdirektor weiß sich in dieser durchaus gefährlichen Situation nicht anders zu helfen, als dass er eine Scheibe der Bahn einschlägt und „Tuffi" Richtung Loch drückt. „Tuffi" gehorcht und springt circa zehn Meter hinunter in die Wupper, die an dieser Stelle keine 50 Zentimeter tief ist. Das Tier erleidet nur ein paar Schrammen am Hinterteil, bleibt ansonsten unverletzt.

Nach ihrem Auftritt in Wuppertal sind die Bilder und neuere Arbeiten von Otmar Alt im Westfalenpark in Dortmund im VEW-Sonnenenergieforum und im Herzzentrum in Bad Oeynhausen zu sehen. Der Ausstellungsreigen nimmt kein Ende. Im folgenden Jahr gibt es eine Ausstellung für die Volkswagen AG im Haus Rhode in Königslutter, eine Ausstellung bei der SECURITAS in Bremen und eine im Mönchehaus-Museum für moderne Kunst in Goslar.

Verleihung zum „Bürger des Ruhrgebiets"

Im Jahr 1994 wird Otmar Alt zusammen mit der Dozentin Inge Litschke zum „Bürger des Ruhrgebiets" nominiert. Diese Auszeichnung wird jährlich vom Verein pro Ruhrgebiet e.V. an Prominente vor allem aus NRW vergeben, die sich für das Ruhrgebiet stark machen und den notwendigen gesellschaftlichen und wirtschaftlichen Wandel mit vorantreiben.

Seit 1981 setzt sich pro Ruhrgebiet e. V. für den unvermeidlichen Strukturwandel im Ruhrgebiet ein. Insbesondere die Förderung von Kultur und Sport, die des Gespräches zwischen Wirtschaft, Wissenschaft und Forschung als auch die Berufsperspektiven von Jugendlichen in der Region liegen dem Verein am Herzen. Zahlreiche Unternehmen und persönliche Mitglieder unterstützen die Projekte von pro Ruhrgebiet, sei es in finanzieller oder praktischer Art. Die Mitglieder kommen aus allen erdenklichen Berufszweigen. Ihre Gemeinsamkeit ist ihre Verbundenheit mit dem Ruhrgebiet.

Als „Bürger des Ruhrgebiets" wurden bisher Persönlichkeiten ausgezeichnet wie Kardinal Franz Hengsbach (1987), Unternehmer Professor Klaus Steilmann (1989), der ehemalige Bundespräsident Johannes Rau (1993), der ehemalige BVB-Präsident Gerd Niebaum (1996), der Mediziner Professor Dietrich Grönemeyer (2000), das NOK-Mitglied Ulrich Feldhoff (2002) und das Kabarett-Duo die „Missfits" (2005).

In diesem Jahr übernimmt der Künstler auch die Fassadengestaltung für den Neubau einer Grundschule in Kirchlengern.

Nur wenige Sportler schaffen es in den Olymp der Sportler: Einer von ihnen ist der Rennfahrer Michael Schumacher, den Otmar Alt auf seiner Bildtafel verewigt. Schumacher ist unbestritten eine Ausnahmepersönlichkeit: Als Formel-1-Pilot hat „Schumi" siebenmal die Formel-1-Weltmeisterschaft gewonnen, das erste Mal im Jahr 1994.

Mit einer Texttafel weist Otmar Alt darauf hin, dass am 14. Juni 1994 die West-Alliierten endgültig Berlin verlassen. Die letzten sowjetischen Soldaten ziehen am 31. August aus der Hauptstadt ab. Damit wird ein unseliges Kapitel der Nachkriegsgeschichte geschlossen.

Auf seiner Bildtafel erinnert der Künstler an eine schwere Katastrophe, die die Welt in Atem hielt: Am 17. Januar 1995 erschüttert ein schweres Erdbeben Japan. Es ist die größte Naturkatastrophe der japanischen Nachkriegszeit. Nur 20 Sekunden lang bebt die Erde, doch diese Zeit reicht, um einen Teil der Hafenstadt Kōbe zu zerstören.

Das Erdbeben verursacht eine der höchsten Schadenssummen aller Zeiten. Die durch diese Katastrophe verursachten Schäden werden auf etwa 100 Milliarden US-Dollar geschätzt. Über 100.000 Häuser stürzen ein, fast eine halbe Million Gebäude werden beschädigt. Die auf Stelzen gebaute Stadtautobahn knickt einfach zur Seite.

Für viele Bewohner kommt jede Hilfe zu spät. Am Ende werden fast 6.500 Tote und rund 44.000 Verletzte gezählt. 300.000 Menschen wurden durch das Erdbeben obdachlos, viele davon erst durch die vom Beben ausgelösten mehr als 300 Brände. Nach einem besonders regenarmen Sommer waren die Zisternen der Stadt nicht mit Löschwasser aufgefüllt worden, so dass die Feuerwehr bei den meisten Bränden tatenlos zusehen musste.

Unfassbar auch der Völkermord in Ruanda, den Otmar Alt auf seiner Bildtafel anprangert. Die Weltengemeinschaft, die Vereinten Nationen, Amerika und Europa sehen tatenlos zu, als 800.000 bis eine Million Menschen ihr Leben lassen. Die Greueltaten begannen am 6. April 1994 und dauerten bis Mitte Juli 1994 an.

Innerhalb von 100 Tagen töteten Angehörige der Hutu-Mehrheit etwa 75 Prozent der in Ruanda lebenden Tutsi-Minderheit. Die Mörder kamen aus den Reihen der Ruandischen Armee, der Präsidentengarde, der Nationalpolizei und der Verwaltung. Zudem spielten Milizen eine aktive Rolle. Auch weite Teile der Hutu-Zivilbevölkerung beteiligten sich am Völkermord. Der Genozid ereignete sich im Kontext eines langjährigen Konflikts zwischen der damaligen ruandischen Regierung und der Rebellenbewegung Ruandische Patriotische Front (RPF).

Der Künstler erinnert sich: 1994 kommt es in der Bundesrepublik zu einer bedeutenden Reform des Strafrechtes: Der berühmt-berüchtigte und seit vielen Jahren heftig umstrittene Schwulenparagraph 175 wird am 11. Juni 1994 endgültig aus dem deutschen Strafgesetzbuch gestrichen. Dieser Paragraph stellte sexuelle Handlungen zwischen Personen männlichen Geschlechts unter Strafe. Insgesamt wurden etwa 140.000 Männer nach den verschiedenen Fassungen des Paragraphen 175 verurteilt.

1994 ist auch ein wichtiges Jahr für den Frieden im Nahen Osten. Das Komitee des Nobelpreises setzt ein Zeichen und vergibt mit politischem Kalkül seinen Friedenspreis an die drei bedeutendsten Vertreter der seit Jahrzehnten miteinander im blutigen Streit liegenden Israelis und Palästinenser: „Für ihre Friedensbemühungen im Nahen Osten". Ausgezeichnet werden die Staatsmänner Shimon Peres, Yasir Arafat und Yitzhak Rabin. Otmar Alt symbolisiert die drei Politiker durch einen Strauß mit drei Blumen, dessen mittlere Blüte durch den Kopf von Shimon Peres geziert wird.

Auf seiner Bildtafel erinnert Otmar Alt an eine beispiellose Künstleraktion, deren Fotos rund um die Welt gehen und die der jungen Bundeshauptstadt Berlin einen ungeahnten Besucheransturm beschert: Die Verhüllung des Reichestages durch das Künstlerehepaar Christo und Jeanne-Claude.

Selten hat ein künstlerisches Vorhaben in Deutschland die Emotionen so hochschlagen lassen, wie das Projekt, das als Drucksache 12/6767 in den Bundestag eingeht: Am 25. Februar 1994 entscheiden die Abgeordneten in Bonn in namentlicher Abstimmung über die Verhüllung des Reichstages, die ein Jahr später stattfinden soll. Die geplante Aktion des Bulgaren Christo und seiner Frau Jeanne-Claude hat zuvor wochenlang für Diskussionen gesorgt.

Otmar Alt (r.) zeigt Shimon Peres seine Ausstellung

Jeanne-Claude und Christo

23 Jahre lang mussten Christo und Jeanne-Claude Überzeugungsarbeit leisten, bis es tatsächlich zur Verhüllung des Reichstages in Berlin kommt. Es wurden über 100.000 Quadratmeter feuerfestes Polypropylengewebe, das mit einer Aluminiumschicht überzogen wurde, und 15.600 Meter Seil benötigt. Das Gewebe wurde, wie auch später für die „Verhüllten Bäume" und „The Gates", von der Firma Schilgen im münsterländischen Emsdetten hergestellt. Ein Großteil der Stoffbahnen wurde in der Firma „Bieri-Zeltaplan" in Taucha bei Leipzig zusammengenäht. Die spektakuläre Verhüllung selbst beginnt am 17. Juni 1995 und wird am 24. Juni abgeschlossen. Bei der Montage beteiligen sich 90 professionelle Kletterer und viele zusätzliche Helfer.

Der Rückbau findet am 7. Juli statt. Die Kunstaktion wurde von rund fünf Millionen Besuchern bewundert. Zur Finanzierung des Projektes werden anschließend signierte Fotos der Aktion sowie quadratische Stücke des Gewebes verkauft.

Im Jahr 1995 hat sich der Künstler Otmar Alt wiederholt mit Kunst an Gebäuden beschäftigt. So entstehen in diesem Jahr Wandbilder für die umgebaute Station für Schmerztherapie am Johannes-Krankenhaus in Bielefeld, Glasfenster und Emaillebilder für die Fassadengestaltung der Firma Wiltmann in Versmold sowie eine Brunnenplastik und einige Großskulpturen für ein Einkaufszentrum in Dormagen.

„Otmar hat mich durch seine menschliche und offene Art sofort in den Bann gezogen. Von seinen Ideen und seiner Kunst war ich fasziniert und bin es heute mehr denn je." **Reiner Meyer**

Dass Kunst und Kommerz sich nicht ausschließen, sondern ergänzen können, zeigt Otmar Alt in einer Ausstellung im KARSTADT-Haus in Düsseldorf, dem bekannten KARSCH-Haus. Sie findet im Jahr 1995 statt. Auf der Bildtafel erinnert sich der Künstler mit einer eigenen Ausstellung und einer Großplastik an seine eigene Ausbildungszeit in dem Kaufhauskonzern und schlägt damit eine biographische Brücke in seine eigene Vergangenheit.

Der Bilderreigen wird abgeschlossen mit einer illustren Personengruppe, die rechts und links auf dem Fuß der Bildtafel steht. Die beiden Personen sind wie Wächter angeordnet. Links sieht man einen „Rufer", der die Freundschaft zu Reiner Meyer und seiner Ehefrau Beate symbolisiert.

Rechts verkörpert eine auffallend gekleidete Dame mit grüner Sonnenbrille die Mitarbeiterin Ursula Ide. Sie führt seit diesen Jahren zusammen mit Geschäftsführer Peter Lewerentz das Büro der Otmar Alt GmbH und der Otmar-Alt-Stiftung.

Eingang Firma Wiltmann - Verwaltungsgebäude

1996 Die Stiftung

Impressionen aus der Stiftung

Das Jahr 1996 wird für den Künstler von zwei großen Ereignissen bestimmt: In Krakau, der heimlichen Hauptstadt Polens, startet im Nationalmuseum eine große Ausstellung mit seinen Werken und in Hamm öffnet nach einer Vorbereitungszeit von mehreren Jahren die Otmar-Alt-Stiftung ihre Pforten.

Der Künstler hat die Zeit in Krakau noch lebhaft vor Augen. „Es fallen die vielen Kirchen auf und das dauernde Geläut der Glocken." Auf der Bildtafel konzentriert sich die Ansicht von Krakau auf den Hauptmarkt und die imposante Marienkirche mit ihren beiden unterschiedlichen Türmen.

Krakau beherbergt eine der ältesten und traditionsreichsten Universitäten Mitteleuropas. Hinzu kommen zahlreiche Akademien, Hochschulen und Institute, so dass von rund 160.000 Studenten ausgegangen werden kann, die zeitgleich in der Stadt studieren. Kein Wunder also, dass sie bis heute, auch dank der vielen historischen und gut erhaltenen Gebäude und Zeugnisse aus der Gotik, der Renaissance, des Barock, der Neugotik und des Jugendstils, eine der wichtigsten europäischen Kulturzentren ist.

Die Stadt ist zudem bekannt für ihre lebendige Künstlerszene. Hier trifft sich nicht nur die polnische Avantgarde. Vor allem der Jazz wird in unzähligen Kneipen und Kellern gepflegt und auch weiterentwickelt. „Wer Jazz liebt oder selber macht, muss unbedingt einmal nach Krakau", empfiehlt der Künstler. Otmar Alt ist von der quirligen und inspirierenden Atmosphäre der Stadt gefangen genommen und genießt es, sich von dem ganz eigenen Flair anstecken zu lassen.

Im Vordergrund der Bildtafel wird das bekannte Katzenmotiv des Künstlers in Form einer Skulptur aus Corten-Stahl aufgegriffen, die sich tatsächlich auf dem Stiftungsgelände befindet. Das stilisierte Gesicht des Tieres wird durch einen Durchblick bestimmt. Dahinter sieht man die neu errichteten beziehungsweise restaurierten Gebäude der Stiftung, die in diesem Jahr feierlich eröffnet und der Öffentlichkeit zugänglich gemacht werden.

Rund um die sorgfältig restaurierte und zugleich modern gestaltete ehemalige Hofstelle findet sich ein beeindruckender Skulpturenpark, der rund um einen Teich einen inspirierenden Spaziergang ermöglicht. Den Besucher erwarten rund 50 Skulpturen, nicht allein solche des Stifters, sondern darüber hinaus die über Jahre hinweg gesammelten Plastiken und Skulpturen von Künstlerkollegen und Stipendiaten.

Die Stiftung entwickelt sich von Anfang an zu einer der bedeutendsten Kulturstätten der Stadt Hamm. Regelmäßig werden in der Galerie sehenswerte Ausstellungen präsentiert. In einem kleinen Amphitheater, das bis zu 200 Personen Platz bietet und im Veranstaltungsraum der Stiftung finden hochkarätige Kulturveranstaltungen, Konzerte, Lesungen und Diskussionsrunden statt, die weit über den Kreis von Hamm hinweg Beachtung und Interesse finden.

Die Stiftung wurde juristisch durch den Steuerrechtler und Spezialisten für das Stiftungsrecht Professor Carl-Heinz Heuer aus Frankfurt auf den Weg gebracht. Sie wird in Frankfurt errichtet und von dort aus betreut. Auf Carl-Heinz Heuer verweist das Bild oben rechts in der Ecke der Tafel. Hier findet sich eine Replik des Lieblingsbildes von Carl-Heinz Heuer. Es stammt aus der Serie „Schwarze Bilder" des Künstlers. Diese für Otmar Alt außergewöhnlichen Tuschezeichnungen und monochromen Arbeiten entstehen vor allem in den Jahren 1991 bis 1995.

Carl-Heinz Heuer (l.) mit Otmar Alt und dem „Schellenkönig"

Einer der prominenten Gäste der Stiftung ist von Anbeginn an der als Boogie-Woogie-Pianist bekannt gewordene Jazzer Axel Zwingenberger, den der Künstler mit markanter grüner Nase und Katzenhaaren auf seiner Bildtafel verewigt hat. Wiederholt tritt er in der Stiftung zu Konzerten auf.

Axel Zwingenberger spielt den Boogie-Woogie in der Stiftung

Nikolaus Schimmel, von der berühmten Manufaktur Schimmel, hat es sich nicht nehmen lassen, für diese Tafel eigens eine eigene Tastatur beizusteuern, die vom Künstler in das Bild integriert wurde. Natürlich bestehen die Tasten aus wertvollen Hölzern und einer Auflage aus Elfenbein.

„Freundschaft mit Otmar Alt ist ein Abenteuer, ist Fröhlichkeit und Herausforderung, ist verlässlich, anregend und von unschätzbarem Wert; so wie der von Otmar Alt geschaffene ‚Schimmel-Flügel', den ich realisieren durfte." **Nikolaus Schimmel**

Fanatsievolle Formen in bunter Pracht - der ‚Schimmel-Flügel'

Den Kopf der Bildtafel bildet eine Fotografie aus dem Jahr 1996, die das als überdimensionalen Adventskalender umfunktionierte Rathaus von Gengenbach zeigt. Die Idee zu dieser weltweit einzigartigen Aktion stammt von Reinhard End, dem Leiter des Museums Haus Löwenberg. Nach einer Otmar-Alt-Ausstellung im Museum lädt er den Künstler im Namen der Stadt ein, um die 24 Fenster des Adventskalenders zu gestalten. Zahlreiche Künstler haben es inzwischen Otmar Alt nachgemacht und gestalten alljährlich das weltgrößte Adventskalender-Haus.

„Kommen, schauen, staunen" lautet das Motto des örtlichen Verkehrsvereins von Gengenbach anlässlich der Weihnachtsaktionen. Allein zwischen 80.000 und 100.000 Besucher aus nah und fern sind es, die sich von dem allabendlichen Ritual des Fenster-Öffnens in den Bann ziehen lassen.

Umtriebigkeit zeichnet von jeher die Arbeit des Künstlers aus. Neben seinen eigenen Kunstwerken, neben Gemälden und Plastiken widmet sich Otmar Alt immer wieder der Gestaltung und der Entwicklung von Firmenlogos. Eines dieser Beispiele findet sich – wie kann es auch anders sein – in der Stadt Hamm. Otmar Alt kreiert für die Maximilian Apotheke ein neues Erscheinungsbild, das die Zeichen der Stadt als „Alt"-Stadt aufgreift.

Als Musikbegeisterter widmet Otmar Alt die Bildtafel einem Ausnahmekünstler, dem weltweit führenden Trompetenvirtuosen und Bachinterpreten Ludwig Güttler. Der begnadete Trompeter wird im Gewand eines Clowns und Kapellmeisters mit seiner berühmten Piccolotrompete dargestellt und erinnert zugleich an den Musikclown Charlie Rivel.

Gengenbacher Adventskalender mit Otmar Alt-Motiven

Die Bildtafel verweist augenzwinkernd auf drei weitere Ereignisse des Jahres: Die Schutzgemeinschaft Deutsches Wild bestimmt das Jahr 1996 zum Jahr des Feldhamsters, der von IBM entwickelte Schachcomputer Deep Blue schlägt als erster Computer der Welt in einer Partie den amtierenden Schachweltmeister Garri Kasparow, und am 5. Juli wird das Schaf Dolly geboren, das als erstes geklontes Säugetier in die Weltgeschichte eingeht.

1997 Alt-Stadt-Hamm

Das Auge des Malers wacht über allem. So neugierig wie kritisch, so wohlwollend wie offen. Es behält den Überblick, nimmt in den Fokus, ordnet die Ereignisse und das Geschehen für das Zeittableau von 1997.

Im Mittelpunkt dieses Jahres steht das Bekenntnis der Wahlheimat Hamm zu ihrem bekanntesten Künstler. Otmar Alt gestaltet mit Unterstützung von Sponsoren die Innenstadt. Es ist ein großes Projekt, das innerhalb der Stadt bei allen Gruppierungen und Parteien zu heftigen Kontroversen und Diskussionen führt. Der amtierende SPD-Oberbürgermeister Jürgen Wieland und der Stadtdirektor Dieter Kraemer setzen sich über alle Vorbehalte und Widerstände hinweg und erklären, dass die Gestaltungen des Künstlers und die Säulen an den Einfallstraßen „ein Gewinn für die Stadt sind".

Einige der Säulen, die Otmar Alt für Hamm gestaltet hat, strecken als Erkennungszeichen eine Karte gen Himmel. Diese Karte verweist auf eine spezielle Sonderedition von Telefonkarten für die Deutsche Telekom. Sie entstand eigens für die Otmar-Alt-Stiftung und ist heute ein begehrtes Sammlerobjekt.

Auch in Wolfsburg wird ein Zeichen gesetzt. Auf Initiative von Günter Lamprecht, dem Leiter des VW-Coachingzentrums, wird an Haus Rhode eine Großplastik des Künstlers errichtet. Haus Rhode ist das Konzern-Managemententwicklungs- und Kommunikations-Zentrum des Konzerns, das für nationale und internationale Veranstaltungen genutzt wird. Die kulturellen Veranstaltungen wie Kunstausstellungen und Konzerte machen Haus Rhode zum Anziehungspunkt der Region.

Das Bildungs- und Kulturzentrum hat eine lange Tradition und ist seit 1969 Eigentum der Volkswagen AG. Haus Rhode soll geistige Beweglichkeit repräsentieren, eine Quelle für Wissen und Erkenntnis und zugleich ein Experimentierfeld für Innovationen. Kurz: Das Haus Rhode gilt als Symbol für die Volkswagen Unternehmenskultur und ist ein Synonym für die gute Zusammenarbeit bei Volkswagen.

Im gleichen Jahr entsteht ein von Otmar Alt als ein eigenständiges Kunstwerk bemalter Konzertflügel. Die für ihre hochwertigen Klangkörper bekannte Firma Schimmel Pianos aus Braunschweig entwickelt daraus eine limitierte Künstler-Edition, deren Einzelstücke als exklusive Konzertflügel in die ganze Welt verkauft werden.

Ein Exemplar dieser Edition wird in der Stiftung aufgestellt und seither für Konzerte im Haus genutzt. Die Aufstellung des Konzertflügels in der Stiftung wird allerdings zu einer logistischen Herausforderung. Denn das Instrument lässt sich kaum durch das enge Treppenhaus auf die Empore im ersten Stock bugsieren.

Ratko Delorko am Flügel

Der Flügel wird von dem bekannten Pianisten Ratko Delorko eingeweiht. Delorko hat zu diesem Zweck dem Künstler eine eigene Komposition gewidmet. Der 1959 in Hamburg geborene Pianist, Komponist und Dirigent lässt es sich nicht nehmen, seine Sonate „Der Tanz mit dem Flügel" in Hamm selber zur Uraufführung zu bringen.

Ratko Delorko gilt als enfant terrible der Konzertszene, weil er sich nicht einem bestimmten Fach zuordnen lässt. Er tanzt gewissermaßen auf vielen Hochzeiten, verbindet Jazz mit klassischer Musik.

1997 entsteht im Atelier Otmar Alts das Gemälde „Westfälisches Schnabeltier", das einmal mehr auf die eigene Tiermenagerie Bezug nimmt und einen neuen erfolgreichen Zyklus im Werk des Malers markiert. Auf der Bildtafel wird dieses Gemälde in der unteren rechten Ecke zitiert. Daneben als Ausdruck von Lebensfreude und Großzügigkeit ein Kühler mit zwei Flaschen Champagner – zu der Zeit im Atelier des Künstlers ein häufiger konsumiertes Getränk.

Im gleichen Jahr bricht der Künstler zusammen mit seinem Freund Hans Geiger zu einer zweiwöchigen Rundreise durch Australien auf. Die Gruppe besucht einige der bekanntesten Sehenswürdigkeiten und Wahrzeichen des Kontinents: Neben Sidney gehört dazu auch Ayers Rock, der mystische Ort der australischen Ureinwohner.

Das Jahr 1997 steht buchstäblich unter einem besonderen Stern: Der Komet „Hale-Bopp", der am 23. Juli 1995 unabhängig von Alan Hale in New Mexico und Thomas Bopp in Arizona entdeckt worden war, durchläuft am 1. April 1997 sein Perihel und erreicht damit seinen nächsten Punkt zur Erde. Er wurde daher als der „Große Komet von 1997" bezeichnet.

„Hale-Bopp" war mit seinem spektakulären Kometenschweif mit bloßem Auge zu sehen und ist damit wahrscheinlich der am meisten beobachtete Komet des 20. Jahrhunderts und einer der hellsten für mehrere Jahrzehnte. Der Komet konnte über einen Zeitraum von 18 Monaten ohne astronomische Gerätschaften beobachtet und in seiner Flugbahn verfolgt werden – doppelt so lange wie der bisherige Rekordhalter, ein Komet aus dem Jahr 1811.

Auf einem besonderen Kurs ist in diesem Jahr auch der Radrennfahrer Jan Ullrich. Als erster und bisher einziger Deutscher gewinnt Ullrich 1997 die Tour de France. Er rückt damit in die Riege der Ausnahmesportler auf. Sein Sieg macht Ullrich innerhalb kürzester Zeit in Deutschland zum populärsten Sportler überhaupt. 1997 wird er zum Sportler des Jahres gewählt. Er ist ein Star, Vorbild und Imageträger. Allerdings kann der neue Radstar die hohen Erwartungen der Öffentlichkeit, die sich eine Serie von Toursiegen erhofften, in den darauffolgenden Jahren nicht erfüllen.

Rückblickend erscheinen seine vielfältigen Erfolge in einem zwiespältigen Licht, da Jan Ullrich offenbar, wie viele andere prominente Radfahrprofis in die Dopingskandale der letzten Jahre verwickelt ist, die die berühmte Tour inzwischen schwer belasten.

Vorwürfe wegen seiner Verwicklung in den „Spanischen Dopingskandal" kurz vor der Tour de France 2006, die Gegenstand staatsanwaltlicher Untersuchungen waren, führten zum Ausschluss Ullrichs von der Rundfahrt und zur fristlosen Kündigung durch seinen Arbeitgeber, das Team T-Mobile.

Ullrich bestreitet bis heute, jemals andere Rennfahrer betrogen zu haben. Gegen die Doping-Vorwürfe führt er unter anderem an, dass sein einziger positiver Test im Jahr 2002, der zu einer sechsmonatigen Sperre führte, auf einer in einer Diskothek konsumierten Pille beruhen soll. Jedoch wurden beim spanischen Doping-Arzt Eufemiano Fuentes gefundene Blutbeutel per DNA-Analyse mittlerweile eindeutig Ullrich zugeordnet.

Jan Ullrich hat am 26. Februar 2007 seine aktive Radsportkarriere für beendet erklärt.

Otmar Alt thematisiert auf seiner Bildtafel das Problem Doping, indem er einen Rennfahrer von einer Spritze beflügelt auf die höchsten Berge sprinten lässt. Zugleich zeigt er auf, dass Doping inzwischen aus den Retorten der Chemielabore entspringt. Die Nutzung unerlaubter Methoden und Substanzen zur Leistungssteigerung ist in vielen Ausdauersportarten, vor allem aber im Radsport, seit Jahrzehnten bekannt. Besonders Wachstumshormone wie Erythropoetin, das unter dem Kürzel EPO inzwischen geradezu zum Synonym der Dopingpraxis im Radsport geworden ist, wurden immer wieder eingesetzt, um Höchstleistungen zu erleichtern.

Das Präparat EPO ermöglicht eine erhöhte Sauerstoffkonzentration im Blut, wodurch sich die Ausdauer des Athleten direkt verbessert. EPO soll in den frühen 90er Jahren im Spitzenradsport nahezu flächendeckend benutzt worden sein. Inzwischen ist es möglich, EPO durch einen Urintest nachzuweisen, obwohl immer noch Restzweifel an der Zuverlässigkeit der Messmethode bestehen. Durch die sogenannte „Festina-Affäre" während der Tour 1998 rückte die Doping-Problematik im Profi-Radsport nachhaltig ins Zentrum des öffentlichen Interesses. Gleichzeitig wurde die Doping-Bekämpfung sowohl auf medizinischer als auch auf polizeilicher Ebene seit Ende der 90er Jahre deutlich verstärkt.

Ganz ohne Doping, aber mit einem sensationellen Erfolg startet im Jahr 1997 ein Romanzyklus durch, der eigentlich für Kinder und Jugendliche geschrieben, aber zunehmend auch Erwachsene als Leser erreicht hat: Harry Potter.

Die Figur des Zauberlehrlings „Harry Potter" ist eine kongeniale Erfindung der englischen Schriftstellerin Joanne K. Rowling. Erzählt wird die Geschichte des Titelhelden Harry James Potter, einem Schüler des britischen Zauberinternats Hogwarts, von seinen Konfrontationen mit dem bösen Magier Lord Voldemort und dessen Gefolgsleuten, den sogenannten Todessern. Jeder der sieben Bände beschreibt ein Schul- und Lebensjahr von Harry Potter, beginnend mit seinem elften Geburtstag. Band Eins „Harry Potter und der Stein der Weisen" erschien 1997. Der weltweite Erfolg der Romanreihe, der sich auch in den verschiedenen Medien von Hörbüchern über Videospiele bis zu Kinofilmen weiter fortsetzt, führt dazu, dass die Autorin in kürzester Zeit von einer Sozialhilfeempfängerin bis zur reichsten Frau Großbritanniens aufsteigt.

Otmar Alt spielt auf den Fantasieroman an, indem er auf der Bildtafel Harry Potters Eule „Hedwig" zitiert, die im Roman als Botenvogel zwischen den befreundeten Jugendlichen dient, vor allem zwischen Harry und seiner Schulfreundin Hermine. Dass Otmar Alt ausgerechnet das Bild der Eule aufgreift, nimmt nicht wunder: Zur Menagerie des Künstlers gehört eine Voliere, in der zwei stattliche Uhus, die größten Nachtgreifvögel, die wir kennen, gehalten werden.

1998 Ein Tusch für den Beetle

Otmar Alt (l.) im Gespräch mit dem Direktor der Kunstakademie Rupert Fegg (Mitte) und während eines Workshops in Bad Reichenhall

Sie ist noch jung und hat sich doch innerhalb weniger Jahre zu einer angesehenen Institution entwickelt: Die Kunstakademie in Bad Reichenhall. Das Bild der Alten Saline in Reichenhall mit ihren zahlreichen Ateliers überragt zu Recht die Bildtafel für das Jahr 1998. Denn bereits seit dem zweiten Ausbildungsjahr gehört Otmar Alt zu den Stammdozenten der Akademie. Zusammen mit der Kunstpädagogin und Künstlerin Gudrun Wirsieg führt er dort regelmäßig im Rahmen der Sommerakademie unter dem Stichwort „Kreativität erleben" einwöchige Kurse, Seminare und Workshops für bis zu 15 angehende Künstler durch.

Otmar Alt erweist auf der Tafel seinen Mitstreitern seine Referenz: In der Mitte erkennt man das Selbstporträt des Künstlers, rechts davon: Gudrun Wirsieg und links davon: Rupert Fegg, der die Kunstakademie 1966 ins Leben rief und seither ihr Direktor ist.

Am Anfang waren es gerade einmal zwei Kurse mit 50 Teilnehmern, die hier durchgeführt wurden. Einige Jahre später, 2008, nutzen mehr als 1.900 Teilnehmer die 176 Angebote der Akademie. In Bad Reichenhall unterrichten regelmäßig rund 100 Dozenten, die ansonsten entweder als freischaffende Künstler oder als Lehrbeauftragte in der Künstlerausbildung tätig sind. Die Liste der Lehrkräfte liest sich wie der Gotha der aktuellen Kunstszene. Neben Otmar Alt gehören international anerkannte Künstler wie Markus Lüpertz und Elvira Bach zum Stammkollegium der Akademie.

In der Kunstakademie werden Fähigkeiten und Techniken in der Ausübung Bildender Kunst vermittelt. Sie wendet sich an alle, die sich künstlerisch betätigen und von anderen Künstlern inspirieren lassen wollen – sei es zur weiteren Professionalisierung in ihrem künstlerischen Beruf, zur Fort- oder Weiterbildung oder einfach aus Liebe zur Kunst, um sich anders und neu zu erleben. Laien und Professionelle arbeiten Hand in Hand.

In diesem Jahr findet in Berlin einmal wieder eine Otmar-Alt-Ausstellung statt. Der Künstler stellt seine Werke in der Spandauer Zitadelle aus, die sich als Veranstaltungsort und Ausstellungsfläche weit über die Stadtgrenzen hinaus einen guten Ruf erworben hat. Die Zitadelle ist eine imposante Location mit einer einzigartigen Atmosphäre. Sie wurde von der Mitte des 16. Jahrhunderts bis 1594 erbaut und liegt im Nordosten der Spandauer Altstadt am Ufer der Havel.

Der Juliusturm, Teil der imposanten Festungsanlage, ist das Wahrzeichen Spandaus. Er ist 30 Meter hoch. Auf seine Spitze führt eine Wendeltreppe mit 145 Stufen. Nach dem Erklimmen dieser Treppe bietet sich ein umwerfender Ausblick über die

Blick auf die Spandauer Zitadelle

Stadteile Spandau und Tegel, die Berliner Innenstadt und den Grunewald. Nach seiner Errichtung diente er als Wachturm und war gleichzeitig Zufluchtsstätte in Gefahrensituationen.

Im ehemaligen Zeughaus der Burg befindet sich das Stadtgeschichtliche Museum Spandau, das eine ständige Ausstellung zur Stadtgeschichte Spandaus zeigt. Die oberen Räumlichkeiten bieten ausreichend Platz für Wechselausstellungen. Heute ist die Spandauer Zitadelle ein exklusiver Veranstaltungsort. Regelmäßig finden hier das Mittelalterfest und andere besondere Festivitäten statt. Viele Künstler haben aufgrund der unvergleichlichen Atmosphäre die Zitadelle Spandau für Konzerte und Events entdeckt.

Ausstellungen begleiten den Jahreszyklus. Einmal mehr mit einer Präsentation in der Werler Galerie Walentowski. Eine Kooperation, die zuverlässig eine Größe im Jahresplan des Künstlers darstellt. Heinrich und Christoph Walentowski haben von Werl aus eine erfolgreiche Galeriekette etabliert. Inzwischen ist Walentowski in der Bundeshauptstadt Berlin, in Dresden, Hamburg, Rottach-Egern, Usedom und auf Rügen vertreten.

Ein besonderes Highlight ist für den Künstler in diesem Jahr ein Spezialauftrag aus Wolfsburg. Die Volkswagen AG lässt nämlich zur offiziellen Markteinführung des VW Beetle, ein Fahrzeug von Otmar Alt als Kunstobjekt gestalten.

VW Beetle im Otmar-Alt-Look - von außen und von innen

VW feiert sich selbst: Mit dem New Beetle und seinem Retro-Design hat man in Wolfsburg beinahe nahtlos an den Erfolg des legendären VW Käfer anknüpfen können. Das Modell wurde 1994 als Studie „VW Concept 1" erstmals der Öffentlichkeit vorgestellt. Das Fahrzeug ist im Design eine Anspielung auf den VW Käfer, basiert jedoch technisch auf einer völlig neuen Plattform, der der Kultikone VW Golf. Die Reaktionen des Marktes auf das neue Modell waren so positiv, dass Volkswagen den Forderungen des Publikums nachkommt und die Studie weiterentwickelt. Vier Jahre später, im März 1998, wird der New Beetle offiziell vorgestellt. Damit ist Volkswagen einer der ersten Hersteller, der ein Fahrzeug im sogenannten Retro-Design auf den Markt bringt.

Der „Otmar-Alt-Beetle" bleibt ein Unikat und kommt nie in den Verkauf, sondern hat bis heute im Museum der Autostadt Wolfsburg einen Ehrenplatz.

Shimon Peres mit der Altschen Israelgrafik

Weitere Herausforderungen erwarten den Künstler in diesem Jahr: Es entstehen zwei Skulpturen für den Spiele- und Freizeitpark der Ravensburger AG in Ravensburg. Der Künstler gestaltet außerdem die Fassade für den Neubau einer Grundschule in Kirchlengern. In Bad Saulgau übernimmt er ein Projekt zur Stadtgestaltung.

Nach Bad Saulgau war der Künstler durch seine Bekanntschaft und die Zusammenarbeit mit Bernd Stadler gekommen, der dort eine bundesweit tätige Firma zur Treppengestaltung betreibt. Für das Unternehmen Bernd Stadler entsteht unter anderem eine speziell designte Künstlertreppe. Sie ist mit mehreren typischen Motiven von Otmar Alt ausgestaltet.

Anlässlich des 50. Jahrestages zur Gründung des Staates Israel spendet Otmar Alt für den Jüdischen Nationalfonds ein Motiv, das in einer kleinen Auflage erscheint und zugunsten des Fonds verkauft wird. Der Jüdische Nationalfonds (JNF) ist ein Verein, der Umweltprojekte in Israel unterstützt und fördert. Er wurde 1901 in Basel auf Initiative von Theodor Herzl als Wegbereiter eines jüdischen Staates gegründet. Bis 1948 betrieb er vor allem den Landerwerb für jüdische Siedler im britischen Mandatsgebiet Palästina, gestützt auf finanzielle Hilfe durch die jüdischen Gemeinden weltweit.

Seit Gründung des Staates Israel engagiert sich der Jüdische Nationalfonds bei der Kultivierung des Landes unter anderem durch die Anpflanzung von mehreren Millionen Bäumen. Rund 16.000 Spender in Deutschland unterstützen den Jüdischen Nationalfonds regelmäßig bei seinen Projekten zur Begrünung Israels. Zu den wichtigsten Projekten des Nationalfonds gehören die Wiederbegrünung der Wüste Negev und der Bau von Wasserreservoiren.

Ein weiteres soziales Projekt bringt in diesem Jahr Otmar Alt mit Wolfgang Möritz und Annemarie Berding-Möritz zusammen, die seit 1992 das Landhaus Füchtelner Mühle im Ausflugsgebiet Olfen, im westlichen Münsterland gelegen, betreiben und sich binnen kurzer Zeit in der Region als engagierte Gastronomen einen guten Namen gemacht haben. Neben der „verrückt-fantastischen" Ausstattung des Landhauses, das besonders zur Weihnachtszeit mit einer überbordenden, ja barocken Weihnachtsdekoration aufwartet, setzt sich das Team der Füchtelner Mühle für verschiedene Einrichtungen der Nachbarstadt Datteln ein. So wird mit Hilfe der Sonderedition, einer Lithographie von Otmar Alt, die Kinderkrebsstation der Vestischen Kinderklinik Datteln unterstützt. Im Vorjahr, 1997, ging der Erlös des Spendenaufrufs an das Kurzzeitwohnheim für behinderte Kinder und Jugendliche, „Kleine Oase", und 1999 an das Kinderhospiz in Datteln.

„Bentheimer auf Besuch", Bild aus den „Innenansichten der Moderne"

„Otmar liebt es bunt, er liebt es schwarz-weiß, mal kompliziert, mal einfach. Wir lieben Otmar auch, weil er ‚verrückte Menschen' wie uns liebt."
Annemarie Berding-Möritz und Wolfgang Möritz

Otmar Alt wird das Bundesverdienstkreuz aus der Hand Jürgen Wielands verliehen

Der Kontakt zu Wolfgang Möritz und Annemarie Berding-Möritz verdankt sich einem glücklichen Umstand: Die Galeristen Regina und Antoni Zorzycki aus Dortmund führten den Künstler eines Tages in ihr Stammlokal am Rande Olfens. Es heißt, dass bei dieser Gelegenheit die Idee zu einem neuen Projekt entstanden ist, den „Innenansichten der Moderne".

Als Anerkennung für sein gesellschaftliches Engagement und die Unterstützung zahlloser sozialer und wohltätiger Projekte bekommt Otmar Alt in diesem Jahr das Bundesverdienstkreuz verliehen.

In den Augen des Künstlers wird das Jahr 1998 durch mehrere Koordinaten beschrieben. Eine davon hat sich als Katastrophe unauslöschlich in das Bewusstsein der Deutschen eingebrannt: Es ist das schwere Eisenbahnunglück von Eschede, auf das Otmar Alt auf seiner Bildtafel anspielt.

Das ICE-Unglück von Eschede ereignet sich am 3. Juni 1998 entlang der Bahnstrecke Hannover–Hamburg auf dem Gelände der Gemeinde Eschede (Niedersachsen). Bei der Entgleisung des ICE 884 „Wilhelm Conrad Röntgen" kommen 101 Menschen ums Leben, 88 Reisende werden schwer verletzt. Es ist das bislang schwerste Zugunglück in der Geschichte der Bundesrepublik Deutschland sowie aller Hochgeschwindigkeitszüge weltweit.

Unvergessen bleibt: Frank Sinatra – „The Voice". Er stirbt am 14. Mai 1998 in Los Angeles. Der amerikanische Sänger und Superstar, Schauspieler und Entertainer gilt als eine der einflussreichsten Persönlichkeiten der Populärmusik des 20. Jahrhunderts. „New York, New York", „Strangers in the Night" und „The Lady is a Tramp" gehören für den Künstler zum unvergessenen Repertoire des zu Ende gehenden Jahrtausends.

Eine weitere Ikone dieser Zeit feiert 1998 seinen zehnten Geburtstag und zugleich seinen Markteinstieg: Der „smart". Seit dem 1. November 1998 ist dies eine Automobilmarke der Daimler AG.

Die Idee eines Fahrzeugs unterhalb der „VW-Polo-Klasse" hat die Automobilindustrie der 80er Jahre permanent beschäftigt. Umgesetzt wird die Idee von Nicolas G. Hayek, dem Gründer der Swatch-Gruppe, der mit seinen Uhren weltweit einen sagenhaften Erfolg feiert. Massenware, klein, handlich und billig, hat kein Negativimage mehr. Seine Vision von einem Swatch-Auto, das klein und vor allem günstig sein sollte, führte ihn zu VW. Unter anderem sah das Konzept eine ähnlich den Swatch-Uhren auswechselbare Karosserie sowie eine Zusammenarbeit mit der Bahn vor, in Form einer Mitführbarkeit des Wagens für weite Reisen. Als VW aus dem Projekt ausstieg, sprang Mercedes Benz ein.

Im Zuge der verwickelten Geschichte steigt Hayek, der stärkste Motor für das Projekt, aus. Die Entwicklungskosten übersteigen seine Möglichkeiten. Das erste Modell des „smart", der „fortwo", ist ein heckgetriebener, zweisitziger Kleinstwagen. Die Markteinführung startet im Oktober 1998.

Das eigentlich zeitgemäße Konzept eines kleinen, wendigen und billigen Fahrzeugs setzt sich aber nur zögerlich durch. Wahrscheinlich steht es in diesen Jahren noch zu sehr in Widerspruch zu den Luxuskarossen und Limousinen, die neben ihrer Funktion vor allem ihren Besitzern ein bestimmtes Image verleihen sollen.

Otmar Alt setzt sich karikaturhaft mit der Markteinführung des „smart" auseinander. Das als Spielzeugauto gezeichnete Modell braust eine Anhöhe hinunter. In dieser Konstellation wird nicht einmal mehr ein Motor gebraucht. Ein Mädchen macht einen Bocksprung über das Fahrzeug. Dieses lebenslustige Mädchen ist niemand anderes als die Kunstpädagogin und Künstlerin Gudrun Wirsieg. Daneben eine weitere Referenz an sie: Auf der Bildtafel wird eine Miniatur von ihr gerahmt wie in einer Ausstellung präsentiert.

„Der Optimist" - Bronzefigur

„Otmars Werke sind immer ein emotionaler Dialog zwischen ihm und dem Betrachter. Möge ihm die Freude und die Liebe zum kreativ sein noch lange erhalten bleiben."
Gudrun Wirsieg

1999-2000 Die Strickliesel

Gedacht war sie eigentlich als überlebensgroße prallbunte Ballerina, doch die Bürger von Hof haben dem von Otmar Alt gestalteten Wahrzeichen des Stadttheaters schnell ihren eigenen Spitznamen verliehen: „Die Strickliesel". Das Bild der Großplastik überragt die Bildtafel. In den beiden Jahren entsteht eine besonders produktive Zusammenarbeit, die den Künstler wiederholt nach Oberbayern und an das Stadttheater in Hof führt. Otmar Alt übernimmt in den nächsten Jahren das Bühnenbild und die Kostüme für verschiedene Produktionen. Darunter „Pas de Bleu", „Medea", „Alice im Wunderland" und „Der Nussknacker".

Durch die Arbeit am Stadttheater entwickelt sich eine langjährige intensive Freundschaft zu Kay Eckert, die in Hof das First-Class-Hotel Central betreibt. Dort steigt der Künstler während seines Engagements am Theater ab und lässt sich dort gerne von guten Speisen und bayerischer Gastfreundschaft verwöhnen.

Eine intensive Freundschaft verbindet den Künstler noch mit einem weiteren Hotelier. Er betreibt in Münster-Hiltrup in zweiter Generation das weithin bekannte und renommierte Waldhotel Krautkrämer, heute Best Western Premier Hotel Krautkrämer. Die Hoteliers Gabi und Hans Joachim Krautkrämer sind passionierte Kunstsammler. Ihr Faible für moderne Kunst ist unübersehbar.

Das gesamte Haus, jedes Zimmer und jede Suite, das Gourmet-Restaurant und das hauseigene Bistro sind mit zahllosen Kunstwerken bestückt. Die Liste der vertretenen, anerkannten und gefragten Künstler ist lang. Das Haus ist mit seinen regelmäßigen Ausstellungen und Events ein Eldorado für Freunde zeitgenössischer Kunst. Darunter selbstredend auch viele Bilder und Skulpturen von Otmar Alt aus den zurückliegenden Jahrzehnten.

Kostümentwürfe aus dem Ballett

Stefano Gianetti, der Choreograph beim Proben

Nussknackerfigur vor einem Bild von Wassily Kandinsky

Szene aus dem Ballett „Alice im Wunderland"

Empfang der geladenen Gäste zu einer Fahrt mit dem Otmar-Alt-Sprinter nach Wolfsburg

Leuchtende Farben und fröhliche Figuren auf dem Zug machen ihn zu einer Attraktion

Im Jahr 1999 wird vor dem renommierten Hotel Central eine Großplastik von Otmar Alt errichtet. „Der Jongleur" ist eine beeindruckende Bronzefigur. Ein wertvolles Schmuckstück, dass so mancher gerne sein eigen nennen würde.

Ein Kunstwerk geht auf Fahrt: Otmar Alt übernimmt im selben Jahr die Gestaltung eines kompletten Zuges. Durch den Kontakt und die langjährige Freundschaft mit dem Keramiker Arno Schlader und dem Landrat Wolfgang Spelthahn aus Düren wird der Künstler förmlich aufs richtige Gleis gebracht. Die Dürener Regionalbahn beauftragt den Künstler mit der Ausgestaltung des Regiosprinters, der zwischen Düren und dem Rurtal verkehrt. Der auffallende Sprinter wird darüber hinaus für Sonderfahrten eingesetzt. Besonders gerne wird er vom Freundeskreis der Otmar-Alt-Stiftung gebucht.

99 engagiert sich der Künstler einmal mehr für einen guten Zweck. In Dortmund soll es dem „Florian" an den Kragen gehen. Der Fernsehturm, ein weithin sichtbares Wahrzeichen der Stadt, ist in die Jahre gekommen und muss dringend restauriert werden. Andernfalls droht der Abriss. Otmar Alt stiftet eine Lithografie, deren Verkauf dem Budget zur Restaurierung zugutekommt. Letztlich kann der Turm durch die Initiative erhalten und weiter betrieben werden.

Parallel gibt es im Rathaus der Stadt, einem beeindruckenden Bauwerk, eine vielbeachtete Retrospektive mit Arbeiten des Künstlers. Außerdem unterstützt Otmar Alt in der Zeit das 30. Firmenjubiläum des Siebdruckers und Freundes Karl-Heinz Klenke mit einer eigenen Ausstellung.

„Otmar, der Geschichtenerzähler, fasziniert mich immer wieder aufs Neue durch seine Bildersprache, durch die Vielfalt seiner Techniken, durch seine preußische Disziplin sowie seinen Fleiß und nicht zuletzt durch sein Vertrauen in die Freundschaft." **Jörg Bockow**

„Kleine Würfel - Jonglage mit Otmars Farbenlehre: spielerisch - bunt - heiter" **Ludger Junkerkalefeld**

1999 ist das Jahr, das den Künstler mit dem Publizisten Jörg Bockow enger zusammenrücken lässt. In den vorhergehenden Jahren hatten sich ihre Wege verschiedentlich gekreuzt. Der Journalist hatte mehrere Interviews und Artikel über den Künstler veröffentlicht. Otmar Alt hat den Freund und Mitstreiter als einen Indianer auf dieser Bildtafel verewigt: Einerseits jongliert er als Autor mit einem Federhalter, andererseits rührt er in einem Topf. Bei verschiedenen Gelegenheiten hat Jörg Bockow sich in der Stiftung als begeisterter Hobbykoch und Gourmet zu erkennen gegeben.

In diesem Jahr wird Otmar Alt zum künstlerischen Berater für die Landesgartenschau in Oelde bestellt. Im Rahmen der Arbeiten entstehen jene bunten Würfel, die längs der Bundesautobahn 2 als Erkennungszeichen und Werbeplattform für die Gartenschau aufgestellt wurden. Die Würfel sind nach der Gartenschau geblieben und dienen heute der Stadt als wirkungsvolle Werbesymbole. Fast könnte man den Eindruck gewinnen, dass nicht die Wahlheimat Hamm, sondern Oelde sich mit dem Künstler schmücken möchte.

Einmal mehr setzt sich in diesen Jahren der Künstler mit dem Werkstoff Glas auseinander. In Zusammenarbeit mit der Evelyn-Glashütte in Amberg, der einzigen Glashütte der Oberpfalz, entstehen bizarre und

„Schneehase mit rotem Kopf", Glasfigur

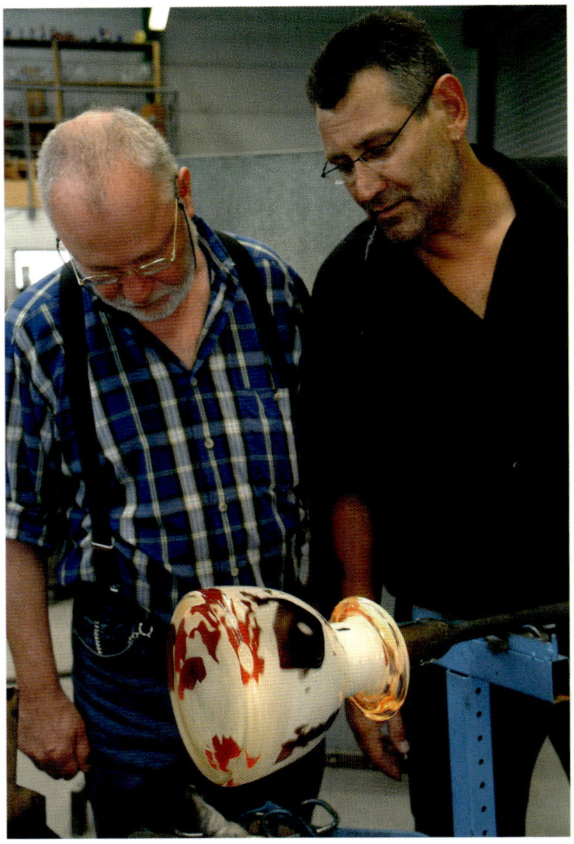

Otmar Alt (l.) und Xaver Hofmeister entwickeln den Korpus einer Glasfigur

fantasiereiche Glasfiguren, die unmittelbar danach in einer Ausstellung in der Stadt gezeigt werden.

Die Evelyn-Glashütte wurde im Jahr 1996 von Xaver Hofmeister in Gebenbach bei Amberg gegründet, und mit ihr hat sich über die Jahre eine äußerst intensive und produktive Zusammenarbeit entwickelt. Aus dem Einmannbetrieb wurde aufgrund der starken Nachfrage nach den einzigartigen Gläsern der Evelyn-Glashütte ein rasch wachsendes Unternehmen. Die Produktionsmöglichkeiten in Gebenbach entsprachen nicht mehr den Anforderungen.

Im Industriegebiet Amberg Nord entstand daraufhin eine der modernsten Glasmanufakturen Deutschlands, die im Jahr 2000 ihren Betrieb aufnahm. Hier sind für die bis auf 29 Mitarbeiter angewachsene Belegschaft optimale Bedingungen geschaffen worden, um die hochwertigen nach handwerklicher Tradition gefertigten Glasteile herzustellen.

Das Können der Glasmachermeister aus der Evelyn-Glashütte gepaart mit den modernen Produktionsmitteln, der Spezialisierung auf ausgefallene Hüttentechniken, Kleinserien und Einzelstücke sowie der Produktentwicklung mit höchsten Qualitäts- und Designansprüchen haben namhafte und renommierte Firmen im In- und Ausland überzeugt. Otmar Alt nutzt das handwerkliche Geschick der dortigen Glasmacher besonders gerne, um dort nach eigenen Skizzen und Entwürfen fantasievolle Glasfiguren entstehen zu lassen.

Mit einer ganz anderen Technik, die auch mit dem Werkstoff Glas arbeitet, setzt sich der Künstler in diesem Zeitraum ebenfalls auseinander. 1999 entsteht ein großes Bleiglasfenster für das Hotel Karl Brugger in Berlin. Diese spektakuläre Arbeit, deren bunte Scheiben im Sonnenlicht eindrucksvoll wirken, wird auf der Bildtafel nur angedeutet. Seine abstrakten Formen lugen hinter den Werbewürfeln von Oelde hervor.

Zum Ende des Jahrtausends erscheint Russland wieder einmal auf der Weltbühne. Am 9. August 1999 wird Wladimir Putin von Boris Jelzin zum Ministerpräsidenten ernannt. Putin ist kein unbeschriebenes Blatt: Vom 25. Juli 1998 bis August 1999 war er Direktor des Inlandsgeheimdienstes der russischen Föderation, ab 26. März 1999 außerdem Sekretär des Sicherheitsrates der Russischen Föderation.

Putin reagiert auf mehrere Attentate, die tschetschenischen Terroristen angelastet werden, mit harter Hand. Bereits am 1. Oktober des Jahres überschreiten russische Armeeeinheiten die Grenze zum tschetschenischen Landesteil zur Bekämpfung der Rebellen, nachdem kurz zuvor tschetschenische Kämpfer in Dagestan eingefallen waren. Daraufhin bricht der zweite Tschetschenienkrieg aus. Putin leitet als Politiker die militärischen Aktionen in Tschetschenien und erntet dafür gute Umfragewerte. Außerdem leitet er eine beispiellose Umgestaltung der russischen Wirtschaft, durchaus nach westlichem Vorbild, ein.

Mitte 2000 geht eine Ära zu Ende. Über nahezu 30 Jahre nämlich galt das Überschallflugzeug Concorde, die „Königin der Lüfte", als die schnellste Verkehrsmaschine der Welt. Sie konnte maximal 2,23 Mach (2.405 km/h) erreichen. Damit verkürzte sich die Flugzeit über den Atlantik zwischen Paris und New York auf etwa drei bis dreieinhalb Stunden.

Das Ende der Concorde nahte mit dem Absturz einer Maschine am 25. Juli 2000: Beim Start auf dem Flughafen Charles de Gaulle, Paris, wurde ein Reifen einer Air-France-Concorde von einem auf der Startbahn liegenden Metallteil zerfetzt, das – wie man später ermitteln konnte – vom Triebwerk einer kurz vorher gestarteten DC-10 der Continental Airlines abgefallen war. Hochgeschleuderte Gummiteile der platzenden Reifen durchtrennten ein stromführendes Kabel des linken Hauptfahrwerks, bevor sie mit großer Wucht auf die Unterseite der linken Tragfläche aufschlugen. Die Teile durchschlugen sie jedoch nicht, sondern verursachten durch die hohe Aufprallgeschwindigkeit eine Druckwelle im Tank, die zu einem Leck an der Tragfläche führte.

Der auslaufende Treibstoff entzündete sich am Stromkabel und am direkt daneben laufenden Jet-Triebwerk und setzte den Treibstofftank der linken Tragfläche in Brand. Der Start konnte zu diesem Zeitpunkt nicht mehr abgebrochen werden, die Maschine war bereits zu schnell für eine Notbremsung. Den vom Tower und Instrumenten alarmierten Piloten blieb als einzige Option der Versuch einer Notlandung. Doch diese misslang.

Kaum eine Minute nachdem die Maschine vom Boden abgehoben hatte, stürzte sie auf den Parkplatz eines Hotels in Gonesse bei Paris ab. Alle 109 Menschen an Bord und vier Bewohner des Hotels kamen bei diesem Unfall ums Leben.

Am 19. Februar 2000 beklagt die Kunstwelt den Tod eines ihrer populärsten Vertreter der Neuzeit. Friedrich Stowasser, besser bekannt als Friedensreich Hundertwasser, stirbt. Hundertwasser hat sich als Künstler, Multitalent, ja als wahrer Tausendsassa, weltweit einen Namen gemacht. Er war beliebt und umstritten zugleich. Vielleicht am bekanntesten: seine 37 Gebäude, die er nach eigenen Entwürfen umsetzen und bauen konnte. Seine künstlerischen Einflüsse in der Malerei und Bildhauerei setzte Friedensreich Hundertwasser in der Gestaltung seiner Bauten um.

Seine bunten Bilder waren durch weiche Naturformen und Spiralen geprägt. Von der Wiener Secession, insbesondere von Gustav Klimt und Egon Schiele inspiriert, entwickelte der Aktionskünstler und Umweltaktivist seinen eigenen Stil und seine bekannte Bildsprache. Seine Popularität und die hohe Kunst der Massenvermarktung verhalfen ihm zu weltweiter Bekanntheit.

Zahlreiche Kunstwerke von Hundertwasser zeigen eine bemerkenswerte Ähnlichkeit mit psychedelischen Mustern. In der Architektur sind häufig bunt verzierte Säulen dargestellt, die einen traumartig wunderschönen Eindruck hinterlassen, ebenso wellenförmige Kachelmotive oder spektrale Farben in Bildern und einzelnen Motiven, die ebenso diesen Eindruck erwecken. Auch der Einfluss des katalanischen Architekten Antoni Gaudí ist bei Hundertwasser unübersehbar.

2001 Lisa in Linnich

Sex sells – das war ihr Lebensmotto. Erotik ist durch sie erst zu einem öffentlich wahrgenommenen und veritablen Business geworden. Ihr Namen ist bis heute das Markenzeichen einer Erotikkette und ein Synonym für die Kommerzialisierung von Sexspielzeug und neckischer Nachtwäsche. Beate Uhse, die erfolgreiche Unternehmerin in einem durchaus umstrittenen Gewerbe, stirbt am 16. Juli 2001 in der Schweiz. Otmar Alt errichtet ihr inmitten seiner Bildtafel ein Denkmal. Dort zeigt sie sich so freizügig und barbusig, wie man sie selbst tatsächlich nie gesehen hat, mit einer Lockenpracht, die einen eher an die große Verführerin auf der Loreley erinnert.

Beate Uhse ist in den Augen des Künstlers eine bewundernswerte Pionierin, nicht nur indem sie einen börsennotierten Versandhandel und eine Kette von Erotikshops erfolgreich auf die Beine gestellt hat, sondern generell als eine emanzipierte und kämpferische Frau, die bereits in den 30er und 40er Jahren als erste und einzige Stunt-Pilotin Deutschlands von sich Reden gemacht hat.

Bereits 1951 gründet sie gemeinsam mit vier Angestellten das Versandhaus „Beate Uhse". Im Angebot sind Kondome, Erotikspielsachen, Wäsche und Bücher zum Thema Ehehygiene. Bereits zwei Jahre später hat die kleine Firma 14 Angestellte. 1962 eröffnet sie in Flensburg ihr „Fachgeschäft für Ehehygiene" – den ersten Sexshop der Welt. Von Flensburg aus entwickelt sie ein bemerkenswertes Imperium von Erotik-Geschäften und bringt das Unternehmen schließlich sogar an die Börse.

Otmar Alt mit den Keramikkatzen, entstanden bei Arno Schlader

Glasfenster von Otmar Alt, fabriziert in der Werkstatt Oidtmann

Neben dem Filmemacher und Buchautor Oswalt Kolle gilt Beate Uhse als die wichtigste Promoterin der sexuellen Aufklärung und Befreiung im deutschsprachigen Raum. Sie bekommt 1989 das Bundesverdienstkreuz verliehen. 1999 wird sie zur Ehrenbürgerin der Stadt Flensburg ernannt.

Otmar Alt beschäftigt sich in diesem Jahr abermals mit dem Werkstoff Glas. In enger Zusammenarbeit mit der Glaswerkstatt Oidtmann entstehen in Linnich jene leuchtenden Bleiglasfenster und Lichtobjekte, die später im örtlichen Glasmalereimuseum ausgestellt werden.

Eine der Arbeiten, das Fenster mit dem Namen „Lisa" entsteht für eine ortsansässige Schule. Darüber hinaus gestaltet der Künstler die „Glastanksäule" für die Stadt Wiesloch, ein weiteres Beispiel für seine virtuose Arbeit mit farbigen Scheiben. Das funkelnde Lichtspiel dieser Objekte korrespondiert wunderbar mit der Farbenfreude des Künstlers.

Im gleichen Jahr sponsert der Künstler das Markenzeichen und Logo für THEA, das Kindertheater und Kindertheater-Festival in Neuenkirchen.

Eine bunte Blume signalisiert Spielfreude und Lebenslust.

Eine Blume, diesmal aus polierter Bronze, steuert Otmar Alt 2001 zum Friedensfilmpreis bei, der seit 1986 während der Internationalen Filmfestspiele in Berlin verliehen wird. Der Filmpreis wurde im UNO-Jahr des Friedens von Berliner Friedensgruppen gestiftet. Seitdem ist er fester Bestandteil der Filmfestspiele und wird jährlich auf der Berlinale ausgelobt.

Der Friedensfilmpreis ist mit 5.000 Euro dotiert. Der Preis geht an einen Film, der die ästhetischen Mittel des Films in besonderer Weise in den Dienst des friedlichen Miteinanders und des sozialen Engagements stellt. Er wird gestiftet von der Initiative Friedensfilmpreis in Verbindung mit der Heinrich-Böll-Stiftung und der 1985 mit dem Friedensnobelpreis ausgezeichneten Internationalen Vereinigung der Ärzte für die Verhütung des Atomkriegs (IPPNW).

Seit seiner Gründung ist der Preis von prominenten Persönlichkeiten aus Kunst, Wissenschaft, Politik und Kirche unterstützt worden. Unter ihnen Günter Grass, Inge und Walter Jens, Leonie Ossowski, Andreas Dresen und eben Otmar Alt, der die Bronzestatuette entworfen hat.

Das Jahr 2001 markiert in der Entwicklung der Neuzeit ein besonderes Datum. Hinter ihm verbirgt sich zugleich eine historische Zäsur und ein kollektives Trauma. Kein Jahresrückblick, auch der des Künstlers nicht, kann auf dieses besondere Datum verzichten. Denn Nine-Eleven (9/11) – der Name für den Anschlag auf die TwinTower des World Trade Centers in New York rückt mit einem Schlag den internationalen Terrorismus in den Mittelpunkt der westlichen Politik, vor allem aber in den der Vereinigten Staaten. Durch die Anschläge zeigt sich, wie verletzlich und angreifbar die Industrienationen sind. In der Folge nehmen die USA den Anschlag zum Anlass, um mit kriegerischen Mitteln gegen die Taliban in Afghanistan und den Irak, die sogenannte „Achse des Bösen" vorzugehen.

Die vier Selbstmordattentate vom 11. September 2001 richten sich gegen symbolträchtige zivile und militärische Gebäude in den Vereinigten Staaten und treffen zugleich den Nerv aller westlichen Staaten. Sie werden von 19 Angehörigen der islamistischen Terrororganisation Al-Qaida ausgeführt. Je fünf beziehungsweise einmal vier Attentäter entführen zwischen 8.10 Uhr und etwa 9.30 Uhr Ortszeit (EDT) vier Verkehrsflugzeuge auf Inlandsflügen, lenken zwei davon in die Türme des World Trade Centers in New York City und eins in das Pentagon in Arlington, Virginia. Das vierte Flugzeug mit unbekanntem Anschlagsziel stürzt nach Kämpfen zwischen Entführern, Besatzung und Fluggästen bei Shanksville in Pennsylvania ab.

Bei den Anschlägen und den folgenden Rettungseinsätzen kommen mehr als 3.000 Personen, darunter die 19 Attentäter, 343 Feuerwehrleute und zahlreiche Polizisten ums Leben.

Otmar Alt konzentriert sich in diesem Jahr auf die bevorstehende Ausstellung zu dem Zyklus „Innenansichten der Moderne". Die Arbeiten an diesem Zyklus nähern sich ihrem Ende. Sie bringen ihn auch enger mit Professor Frank Günter Zehnder, dem damaligen Direktor des Landesmuseums in Bonn, und dessen Frau Karin zusammen. Dadurch entsteht eine intensive Freundschaft.

Otmar Alts Werke werden seither regelmäßig in der Galerie Spectrum von Karin Zehnder in Euskirchen ausgestellt. Auf der Bildtafel hat der Künstler nicht nur ein Foto der beiden Zehnders als Dokument der Verbundenheit aufgenommen, sondern auch ein künstlerisches Porträt, unmittelbar oberhalb der Fotografie. Neben dem Selbstporträt des Künstlers sind rechts und links, Karin und Frank Günter Zehnder zu erkennen.

Auf der Bildtafel zollt Otmar Alt außerdem einmal mehr seinem langjährigen Freund seinen Respekt und seine Dankbarkeit. Es ist Hans Geiger, der durch den Pinsel symbolisiert wird. Hans Geiger steht dem Künstler nicht nur als Freund zur Seite, sondern gehört zudem als Pinselschwinger zur Otmar-Alt-Factory in Hamm.

Frank Günter Zehnder erläutert die Kunst von Otmar Alt in kunsthistorischen Vorträgen

„... for an old friendship of over 50 years!"
The tromboue player **Ulf Spiller**

Der Künstler mag ohne Netzwerk und freundschaftliche Bande nicht sein. Wo immer er wirkt, sind schnell neue Beziehungen geknüpft, die sich über Jahre teilweise zu tiefen Freundschaften entwickeln. Durch die Arbeit in Jülich und Düren entsteht dort der „Rabenklub", ein neuer Freundeskreis, dessen oberster Meister Otmar Alt ist. Dem „Rabenklub" lässt sich der Keramiker Arno Schlader sowie der Direktor der Stadtsparkasse von Düren Uwe Willner und der Dürener Landrat Wolfgang Spelthahn zuordnen.

In besonderer Weise freundschaftlich verbunden ist Otmar Alt zugleich mit der sogenannten „Engel-Bande" in Münster, auf die der Künstler auf der Bildtafel mit einer Miniatur zu „Himmel und Hölle" Bezug nimmt. Die lokal bekannte Musikgruppe unterstützt er ebenso wie die namensgebende „Engel-Apotheke" von Ernst Theissen an der Warendorfer Straße, die von dem Künstler ihr markantes Logo, natürlich einen Engel, erhält.

Unter einem guten Stern steht in diesem Jahr die langjährige Freundschaft und Zusammenarbeit mit dem kanadischen Künstler Ulf Spiller, der sowohl in Berlin als auch in Montreal ausstellt. Spiller gehört mit zu den ältesten Vertrauten und Freunden des Künstlers. Er war Posaunist in der Band aus Studienzeiten, den „Selfworkern". Zwischen Ulf Spiller und Otmar Alt ergeben sich viele Ähnlichkeiten, Vertrautheiten und Berührungspunkte. Manche der Bilder von Spiller scheinen in ihrer eindringlichen und typischen Bildsprache Otmar Alt gleichsam zu zitieren.

„Wir wünschen dem Oberraben gutes Schaffen für hoffentlich noch viele schöne Jahre!" **„Der Rabenklub"**

2002 Die Hexe Antra

Ob kindlich und verspielt, beschaulich oder allegorisch mit einem tieferen Hintersinn, vielfach sind überlieferte Geschichten und Sagen, Märchen und Fabeln der Ausgangspunkt für die fantastische Bildwelt des Künstlers Otmar Alt. Dort werden selbst Sonne und Mond zum Leben erweckt. Tiere und Fantasiegestalten beginnen zu sprechen. Dort wendet sich eine Hexe an den Betrachter. Fast scheint es so, als wenn dem Künstler die Fantasiewelt in die Wiege gelegt worden ist. Der Brocken ist nicht weit, als er in Wernigerode das Licht der Welt erblickt. Hier tanzen an Walpurgis die Hexen um das Feuer.

„Die neun Kreise der Hexe Antra" – das ist eine Geschichte, die sich der Künstler selbst erdacht und gemeinsam mit Gerd Scherm und Jean-Marie Bottequin in eine Konzeptausstellung überführt hat. Erstmals wird diese 2002 im Kriminalmuseum in Rothenburg ob der Tauber gezeigt. Den Text für den Katalog schreibt Gerd Biegel vom Landesmuseum Braunschweig, dem Selbstverständnis nach sieht er sich selbst als ein Bücherwurm. Gerd Biegel betreut auch die Ausstellung.

Die Figur der „Hexe Antra" geht auf eine fixe Idee des Künstlers zurück. Anthrax, so nennt sich das Magenmittel, das der Künstler seit geraumer Zeit einnehmen musste. Es entwickelte sich zum Synonym für eine Hexe, als er während einer Reise die Bekanntschaft mit einer Frau machte, die dieses Magenmittel ebenfalls einnehmen musste und ihn in ihrer Erscheinung und mit ihrem Auftreten an eine Hexe erinnerte. Damit war die Figur von der „Hexe Antra" geboren.

„Hexe Antra", 2002

Die Ausstellung führt den Künstler wieder einmal mit Gerd Scherm zusammen, den er noch von seiner Arbeit bei Rosenthal her kennt. Gerd Scherm erweist sich als ein kompetenter Fachmann für Schamanismus und Hexenkult. Er fasziniert den Künstler durch eigene Erfahrungen und viel Wissen. Außerdem gehört zum Team ein weiteres kreatives Multitalent, nämlich der Fotograf, Künstler und Choreograph Jean-Marie Bottequin, der die Geschichten von der „Hexe Antra" in eine faszinierende Bewegungssprache übersetzt.

Otmar Alt betrachtet die Welt mal mit den unbefangenen Augen eines Kindes, mal übersetzt er die Spielregeln in die Welt einer kindlichen Sprache, so bezaubernd und animierend, so naiv und direkt, wie nur Kinder etwas auszudrücken vermögen. Kein Wunder, dass sich der Künstler immer wieder Kindern zuwendet, ohne jedoch bis auf verschiedene Malworkshops für Kinder und Schüler direkt etwas mit ihnen anfangen zu können. Seit dem Tod seines eigenen Sohnes verhält er sich überaus vorsichtig und zurückhaltend gegenüber Kindern, was ihn allerdings nicht davon abhält, sich immer wieder für die Rechte und Interessen von Kindern und Jugendlichen einzusetzen.

2002 wird das Kindertheater THEA in Neuenkirchen gegründet, an dessen Wiege er im Jahr zuvor gestanden hat und dessen Markenzeichen, eine animierte bunte Blume, von ihm stammt.

„Otmar Alt steht für eine enorme künstlerische Vielfalt und eine hohe Schaffenskraft. Er ist eine knorrige Persönlichkeit, hat viel Lebensfreude. Hervorzuheben ist seine Menschlichkeit und seine tiefe Verbundenheit zu Freunden." **Henning Szabanowski**

„Vergangenheit ist Geschichte, die Zukunft ist Geheimnis und jeder Augenblick ein Geschenk. Ich wünsche Otmar, dass er das auch so sieht." **Franz Beckschäfer**

„An Otmar Alt schätze ich seine aufrichtige, gerade Art und seine Herzlichkeit, gepaart mit Zuverlässigkeit und unermüdlicher Schaffenslust. Die miteinander verbrachte Zeit bereichert mein Leben." **Kay Eckert**

„Otmar – kein bisschen alt! Kreativ, neugierig, lebensgierig, sendungsbewusst, ansteckend, verführend, lustvoll, beobachtend, sensibel, verletzlich, dickfellig, konsequent, eigensinnig, anstrengend. Phänomenal! Typisch Alt!" **Thilo Engelhardt**

Einmal mehr ist der Künstler fürs Theater engagiert. Er übernimmt die Ausstattung und die Kostüme für das Stück „Rotkäppchen", nach dem bekanntesten Märchen der Gebrüder Grimm, das in Gera und anschließend in Altenburg zur Aufführung kommt. Die Arbeiten an der Inszenierung sind zugleich eine willkommene Gelegenheit, einmal wieder in Hof im Hotel Central zu logieren und es sich dort gut gehen zu lassen. K. E., das sind die Initialen von Hotelbetreiberin Kay Eckert, die auf der Bildtafel von Otmar Alt als eine Königin dargestellt wird.

Die Nackte, die Otmar Alt neben dem Bild von Kay Eckert porträtiert, soll an die Schauspielerin Hildegard Knef erinnern, die am 1. Februar 2002 im Alter von 76 Jahren in Berlin gestorben ist. Auch wenn die Sängerin und Schauspielerin bereits mehrere bekannte und berühmte Filme gedreht hatte, unauslöschlich ins Gedächtnis der Deutschen ist sie durch ihre winzige Nacktszene in dem Film „Die Sünderin" aus dem Jahr 1951 gerückt. An diese Art Cameo-Auftritt der Knef und den damit ausgelösten Skandal erinnert Otmar Alt auf seiner Bildtafel. Dieser sorgt dafür, dass der Film zu einem Kassenschlager wird und Hildegard Knef zum Star avanciert.

Ein weiteres Engagement für Kinder und Jugendliche startet im Jahr 2002: Otmar Alt stiftet das Logo für die Aktion „Juventus Deutschland" aus Berlin, ein Verein, der sich bundesweit für den Schutz von Kindern und Jugendlichen einsetzt. Der Künstler ist seither auch im Beirat des Vereins tätig.

Zu den wichtigsten Zielen von „Juventus Deutschland" gehört es, Kindern und Jugendlichen sinnvolle Wege zur Freizeitgestaltung zu eröffnen, sie fit für Verantwortung und Leistung zu machen und ihnen Spaß an lebendigem Miteinander zu vermitteln. Der Verein sammelt dafür in der Wirtschaft Sponsorengelder und setzt diese zur Unterstützung von Sportvereinen, Einrichtungen und Initiativen im Bereich Kunst und Kultur ein.

Im Vorstand des Vereins ist auch der Steuerberater und Wirtschaftsprüfer Franz Beckschäfer aus Hamm engagiert, der ebenfalls Vorstand in der Otmar-Alt-Stiftung ist. Auch ihm hat der Künstler ein eigenes Bild gewidmet. Danksagung und Referenz in einem. Dieses Bild stellt die untere rechte Ecke der Bildtafel.

Neben dem Bild von Franz Beckschäfer erinnert Otmar Alt an die Malerin, Bildhauerin und Aktionskünstlerin Niki de St. Phalle, die am 21. Mai 2002 in San Diego im Alter von 71 Jahren gestorben ist. Die Künstlerin ist in Deutschland vor allem wegen ihrer prallbunten Nana-Figuren bekannt geworden. Imposante Beispiele ihrer Arbeiten bestimmen bis heute das Stadtbild von Hannover. Das dortige Sprengel-Museum hat aus dem Nachlass der Künstlerin rund 300 Kunstwerke übernommen.

Eine der typischen Figuren von Niki de St. Phalle ziert das Seitenteil einer von drei Orgeln, die Otmar Alt für eine Ausstellung im Orgel-Art-Museum in Waldkirch beigesteuert hat. Dieses Museum ist ein Jahr zuvor, am 25. September 2001, eröffnet worden. Das Gebäude, dessen Grundriss an eine klassische Orgel erinnert, wurde eigens als Instrumentenmuseum errichtet. Die Orgelsammlung dokumentiert exemplarisch die Vielfalt des Orgelbaus in der Vergangenheit und Gegenwart.

Den Grundstock der Exponate bilden die Instrumentensammlungen der Familien Oberlinger aus Windesheim und Otto Heuss aus Lich. Es kommen Dauerleihgaben hinzu, wie die Sammlung „Mand" des Landesmuseums Koblenz auf der Festung Ehrenbreitstein. Von den rund 50 Instrumenten des Museums sind fast alle noch spielbar.

Die Ausstellung im Orgelmuseum wird anlässlich der 200-Jahr-Feier von Waldkirch ausgerichtet. Einer der wichtigsten Sponsoren und Befürworter dieser Jubiläumsfeier ist Wolfgang Ingold, Geschäftsführer der Fleischwarenfabrik Wiltmann in Peckeloh bei Versmold. Er selbst stammt aus Windesheim und greift der Stadt bei ihrer Feier großzügig unter die Arme.

Drei Figuren bilden den optischen Mittelpunkt der Bildtafel. Sie stehen für Personen, die dem Künstler in privater und persönlicher Hinsicht oder aus einem Arbeitszusammenhang sehr nahe stehen. Darunter ist das verschlüsselte Bild von Thilo Engelhardt aus Plankstadt zu sehen, für den Otmar Alt einst die Patenschaft übernommen hat. Inzwischen ist dieser als Schulleiter tätig, zudem ist er ein passionierter Sammler von Arbeiten des Künstlers und betreut eine umfangreiche Homepage über Otmar Alt. Thilo Engelhardt hat sich stark für die Ausstellung der Bildtafeln 2009 in Völklingen eingesetzt und über Jahre den Kontakt zum Team der Völklinger Hütte gehalten.

Zum festen Kreis der Mitarbeiter in der Otmar-Alt-Factory gehört Heike Schmidt. Bis Mitte 2009 ist sie die rechte Hand und persönliche Assistentin des Künstlers und wird durch eine Glasfigur verkörpert, die wie ein Engel über die Bildtafel schwebt.

Unmittelbar neben dieser Glasfigur zitiert der Künstler mit einer stilisierten Keramikfigur die Schmuckkünstlerin Anja Schlader aus Jülich, mit der Otmar Alt in diesem Jahr eine erste Serie von Schmuckstücken entworfen hat. In einem kleinen Schmuckkästchen, das auf der Collage zum Jahr 2002 befestigt ist, erscheint eine Silberfigur, die während der Zusammenarbeit der beiden entstanden ist.

Die enge Verbindung zur Familie Schlader in Jülich markiert zudem der Name „Haselmäuschen". Hinter diesem Kosenamen verbirgt sich niemand anderes als Sylvia Schlader, die Frau des Keramikers und Freundes Arno Schlader. Ihr ist Otmar Alt zu besonderem Dank verpflichtet, denn mit ihrer großen Gastfreundschaft sorgt sie regelmäßig während seines Aufenthaltes in Jülich dafür, dass immer etwas „Leckeres" auf dem Tisch steht und es den Künstlern während ihrer Arbeiten im Atelier gut geht.

Auf dieser Bildtafel regnet es Geld – Euro-Münzen fallen vom Himmel, was einen an die Sterne aus dem Märchen der Gebrüder Grimm „Die Stern-

Mit den Worten von Franz Kafka:
„Jeder, der sich die Fähigkeit erhält Schönes zu entdecken, wird nie alt werden." **Anja Schlader**

Ring und Brosche aus der Schmuckkollektion

taler" erinnert. Damit feiert der Künstler auf seine Weise die Einführung des Euro als Bargeld. Der Euro ist zwar bereits seit 1999 die offizielle Währung der Europäischen Währungsunion (EWWU) und damit gemeinsames Zahlungsmittel in 21 europäischen Staaten, aber er wird erst am 1. Januar 2002 in 15 Mitgliedsstaaten der EU als Bargeld in den Umlauf gebracht. Damit löst der Euro dort die nationalen Währungen als Zahlungsmittel ab.

Fahne mit dem Orgelentwurf von Otmar Alt

Schon Sebastian Brand sagte:
„Künstler sind immer die Ersten im Narrenschiff." **Sylvia und Arno Schlader**

Säulen aus der Gemeinschaftsarbeit von Otmar Alt mit Arno Schlader

2003 - 2004 Krebs

Die Figur „Meister Dickbauch“ wird 2003 in Regensburg aufgestellt

Zwei Details springen dem Betrachter auf dieser Bildtafel besonders ins Auge, die in der typischen Malweise des Künstlers gegensätzlicher nicht sein könnten: Die Mitte wird durch das anmutige Bild eines klassischen Nussknackers bestimmt, während in der linken unteren Ecke eine bizarre, unheilkündende Figurenkonstellation unter einem Krebs mit gezückten Scheren auftritt. Letztere verweist auf die Krebserkrankung, die durch einen Zufall bei einer Routineuntersuchung durch den Arzt und Freund Stefan Roman in Hamm entdeckt wird. Der Arzt diagnostiziert beim Künstler einen bösartigen Tumor in einer Niere, der allerdings unmittelbar nach der Diagnose bei einem operativen Eingriff vollständig entfernt werden kann.

Die Genesung schreitet schnell voran und die Prognosen sind so gut, dass der Künstler schon bald wieder weiter arbeiten kann. Gleichwohl porträtiert er sich selbst in dieser Skizze mit ungesund gelbem Gesicht. In seinem Körper stecken mehrere Spritzen, umgeben ist er von allerlei Schläuchen und medizinischen Gerätschaften. Die Initialen S. R. verweisen auf den behandelnden Arzt, dem der Künstler viel verdankt.

Das Bild des Nussknackers steht für eine neue Bühnenarbeit des Künstlers, die ihn abermals ins bayerische Hof führt: „The same procedure as last year, the same procedure as every year“. Am dortigen Stadttheater übernimmt der Künstler das Bühnenbild und die Kostüme für die Inszenierung des Balletts „Der Nussknacker“ nach der Musik des russischen Komponisten Pjotr Iljitsch Tschaikowski. Parallel entwirft Otmar Alt eine eigene etwa 25 Zentimeter große Nussknackerfigur, die in einer Auflage von 500 Stück als exklusive Künstleredition produziert und aufgelegt wird.

Bunte Plastiken und Großskulpturen wie „Meister Dickbauch“ und „Fräulein Maske“ werden nach Entwürfen von Otmar Alt gestaltet. Sie werden bevorzugt für städtische Plätze entwickelt. Die Figur „Meister Dickbauch“ wird 2003 in Regensburg aufgestellt.

Zwei größere Ausstellungen stehen für den Künstler in den beiden Jahren im Mittelpunkt: In der Kunsthalle des Ostseebades Kühlungsborn wird mit der Unterstützung des Steuerberaters, Freundes und Sammlers Rainer Berheide eine Retrospektive des Künstlers präsentiert. Außerdem zieht es Otmar Alt wieder einmal in die Porzellanstadt Selb, wo er jahrelang für die Firma Rosenthal tätig gewesen ist. Im Porzellanmuseum in Selb werden Glas- und Porzellanobjekte des Künstlers ausgestellt.

Unter dem Titel „Kunst und Poesie“ entsteht eine Serie von mehrfarbigen, teils erotischen Tuschezeichnungen, die in einer Edition des Galeristen Eberhard Schnake in Münster herausgegeben wird.

Immer wieder wird der Künstler mit Auftragsarbeiten beschäftigt, aus denen sich neue Freundschaften und Beziehungen entwickeln. So engagiert der Hotelier Karl Brugger erneut Otmar Alt zusammen mit dessen Assistenten und Stipendiaten der Otmar-Alt-Stiftung Florian Benet-Riedel, um einige Zimmer des neuen Hotels Hansablick zu gestalten. Das kleine, aber feine Hotel Garni entpuppt sich als ein Künstlerhaus. Otmar Alt gestaltet in dieser Zeit auch mit offensichtlichem Bezug zum Hotel seines Freundes auf seine typische Art eine 32 Zentimeter große Kunstharzfigur mit dem Titel „Hansablickbär“. Die limitierte Auflage besteht aus 400 Stück, die mit einem Zertifikat versehen in einem aufwändigen Schmuckkarton verkauft werden.

Otmar Alt (2.v.r.) mit dem regierenden Bürgermeister Klaus Wowereit (2.v.l.) und anderen Gästen vor dem Berliner Bär nach einem Entwurf des Künstlers

„Ich danke Otmar für seine Hilfe und sein Vertrauen. Danke für diese lange wunderbare Freundschaft." **Klaus Voormann**

Ein ähnliches Anliegen äußert auch der Gastronom Hans Brinkmann aus Rheine gegenüber dem Künstler. Für sein Hotel-Restaurant „Gottesgabe" entsteht eine bunte Figurengruppe, die in stilisierter Form Gäste des einstigen Kur- und Badehauses auf der Salinenstrasse in Rheine darstellen. Sie stehen auf einer Badewanne aus Marmor und scheinen sich nach wohltuenden Anwendungen ihres Lebens zu erfreuen.

Das mit liebevoller Hand eingerichtete Hotel ist aus dem 1890 errichteten historischen Badehaus der benachbarten Saline „Gottesgabe" hervorgegangen. Überraschend: Eine junge Nudistin scheint direkt dem alten Badehaus entsprungen zu sein. Fröhlich reckt sie eine Blume in die Höhe. Der Künstler hat damit Johanna, der Tochter eines guten Freundes, ein ebenso herzliches wie neckisches Denkmal gesetzt.

Eine weitere Arbeit ist die Ausstattung der Jahn Apotheke in Hamm. Apotheker und Freund Klaus Voormann hat den Künstler damit betraut.

Otmar Alt erinnert mit seiner Bildtafel zugleich an den überraschenden und spektakulären Tod des FDP-Politikers Jürgen Wilhelm Möllemann aus Münster, der am 5. Juni 2003 bei einem Fallschirmsprung auf dem Flugplatz Marl-Loemühle ums Leben kommt. Trotz umfangreicher und langwieriger Ermittlungen wird nie ganz geklärt, ob es sich dabei um einen Unfall oder um Selbstmord gehandelt hat. Die These, dass Fremdverschulden, also Mord, hinter dem Sturz gestanden habe, konnte durch die Staatsanwaltschaft ausgeschlossen werden. Die meisten Umstände deuten auf einen Suizid des Politikers hin.

Möllemann war Vollblutpolitiker durch und durch, der als Medienspezialist alle Möglichkeiten und Register der Öffentlichkeitsarbeit für sich nutzte. Aber er war wegen seiner Methoden und seiner teilweise antisemitischen Äußerungen umstritten und geriet zuletzt in das Visier von staatlichen Ermittlern. Möllemann war unter Bundeskanzler Helmut Kohl von 1987 bis 1991 Bundesminister für Bildung und Wissenschaft und von 1991 bis 1993 Bundesminister für Wirtschaft, ab Mai 92 auch Vizekanzler. Im Januar 1993 trat er im Zuge der „Briefbogen-Affäre" aus der Bundesregierung zurück.

Die Karriere des Politikers Jürgen Wilhelm Möllemann war von extremen Höhen und Tiefen gekennzeichnet. Er gilt in der deutschen Nachkriegspolitik als das typische Steh-auf-Männchen, das sich selbst nach härtesten Niederlagen nicht geschlagen gibt. Neben zahlreichen Erfolgen und Anerkennungen, beispielsweise als Bundesminister für Bildung und Wissenschaft, ist er in eine ganze Reihe von politischen Skandalen verwickelt. Vom Amt des Bundesministers für Wirtschaft musste er im Januar 1993 zurücktreten, da er dessen offizielles Briefpapier verwendet hatte, um in einem Brief für die Geschäftsidee eines angeheirateten Vetters zu werben. Dies ging als „Briefbogen-Affäre" in die Geschichte ein.

Weniger als eine halbe Stunde vor dem tödlichen Fallschirmsprung hatte der Deutsche Bundestag Möllemanns Immunität aufgehoben. Daraufhin durchsuchten Polizei und Staatsanwaltschaft im Rahmen von Ermittlungen gegen ihn wegen des Verdachts der Steuerhinterziehung sowie des Verstoßes gegen das Parteiengesetz Liegenschaften und Geschäftsräume des Politikers in verschiedenen Ländern. Nach dem Tod Möllemanns wurden die Ermittlungen in dem Strafverfahren eingestellt. Wegen erheblicher Steuerschulden und offener Verbindlichkeiten wurde posthum eine Insolvenz eröffnet.

Otmar Alt erinnert zugleich auf seiner Bildtafel an das Ende des Irak-Krieges, den die Amerikaner im März 2003 eröffnet hatten, nachdem dem Regime unterstellt worden war, dass Saddam Hussein im eigenen Land Massenvernichtungswaffen produziert habe und in Verbindung mit Terrororganisationen stehe. Der Sturz der Saddam-Statue auf dem Firdos-Platz in Bagdad, datiert auf den 9. April 2003, markiert das Ende der Schreckensherrschaft des irakischen Diktators. Dieses Bild ging um die Welt. Es war der Augenblick, auf den viele Iraker gewartet hatten.

Saddam Hussein hielt sich zu diesem Zeitpunkt noch im besetzten Land versteckt, wird allerdings später von den Amerikanern in einem Erdloch entdeckt, das ihm als Versteck gedient hatte. Hussein war von 1979 bis 2003 Staatspräsident und von 1979 bis 1991 sowie von 1994 bis 2003 Premierminister des Irak.

Im Irak-Krieg marschieren Truppen der Vereinigten Staaten von Amerika und deren Verbündete am 20. März 2003 in den Irak ein. Die irakische Armee wird geschlagen, das Land vollständig besetzt. Die USA begründeten ihr Vorgehen damit, dass der Irak durch die Entwicklung und den Besitz von Massenvernichtungswaffen gegen die über ihnen verhängten UN-Resolutionen verstoße und dass Saddam Hussein terroristische Organisationen wie Al-Qaida unterstütze. Beides konnte jedoch durch den Geheimdienstausschuss des US-Senats nicht nachgewiesen werden.

Nach Beendigung des Krieges wird gegen Saddam Hussein ein Tribunal eröffnet. Er wird am 5. November 2006 zum Tod durch den Strang verurteilt. Er wollte sich zur Urteilsverkündung vor dem Sondertribunal nicht erheben, lenkte jedoch ein, als ihm letztlich mit Zwang gedroht wurde. Während der Urteilsverkündigung rief er wiederholt Koranverse, Kriegsparolen und Beleidigungen in den Gerichtssaal. Husseins Wunsch, nicht „wie ein einfacher Krimineller" erhängt, sondern erschossen zu werden, wurde nicht entsprochen.

2005 Innenansichten der Moderne

Mehr als fünf Jahre Arbeit liegen hinter ihm. Während dieser Zeit sind mehr als 200 Gemälde entstanden. Große Formate und Miniaturen. „Innenansichten der Moderne“ – so nennt Otmar Alt seine künstlerische Auseinandersetzung mit den Klassikern der Moderne. In Übermalungen und Zitaten setzt sich der Künstler mit bekannten Werken und zu Ikonen gewordenen Bildern aus der ersten Hälfte des 20. Jahrhunderts auseinander.

Am 6. April 2005 wird die Ausstellung unter dem gleichen Namen im Rheinischen Landesmuseum Bonn eröffnet. Der Zyklus wird damit erstmals der Öffentlichkeit zugänglich gemacht. Die Ausstellung wird zu einem großen Erfolg. Einmal mehr zeigt sich, dass Otmar Alt sich nicht auf bestimmte Motive, Themen und Techniken festlegen lässt. Er ist wie schon so oft für manche Überraschung gut.

Die „Innenansichten der Moderne“ ist eine Serie von Bildern, mit der der Künstler auf Hauptwerke von Joan Mirò und Pablo Picasso, Wassily Kandinsky, August Macke, Franz Marc, Ludwig Kirchner, Lazlo Moholy-Nagy, Paul Klee, Gabriele Münter und andere reagiert. Ursprünglich aus dem Übermalen einzelner Kalenderblätter und Reproduktionen entstanden, entwickelte sich für Otmar Alt jenseits einer bloß künstlerischen Marotte eine intensive Beschäftigung mit der vertrauten Bilderwelt der Moderne, die bisweilen durch zigfache Reproduktionen von der Postkarte bis zum Plakatmotiv zur puren Dekoration verkommen ist.

Otmar Alt tritt seinen Vorbildern mit großem Respekt, gleichwohl ohne falsche Ehrfurcht gegenüber. Er übermalt und zitiert deren Werke, um im Zudecken etwas Neues aufzuzeigen und mitunter das tausendfach Übersehene erneut ans Licht zu befördern. Alt setzt Farben und Formen neu, legt frei und entwickelt seine eigene, teilweise ganz andersartige Komposition. Mitunter ist das Original nur noch in Umrissen, Andeutungen oder Analogien zu erahnen. Dann und wann verfolgt der Künstler eine neue Spur und kommt so zu einer ganz neuen Akzentuierung.

Katalog zur Ausstellung „Innenansichten der Moderne“

Auf der Bildtafel zum Jahr 2005 zitiert der Künstler wieder einmal sich selbst. Er übermalt analog zu seinem Projekt „Innenansichten der Moderne“ ein Bild von Ludwig Kirchner.

In diesem Jahr entsteht eine Serie neuer Glasobjekte. Wieder arbeitet der Künstler mit den erfahrenen Glasbläsern der Evelyn-Glashütte in Amberg zusammen. Die dabei entstandenen neuen Exponate werden in einer Ausstellung zuerst in Amberg der Öffentlichkeit vorgestellt. Parallel werden in der Stadt fünf überlebensgroße Außenplastiken des Künstlers ausgestellt. Auf dem Marktplatz steht der „Hochlandbewohner“ mit einer stattlichen Größe von 2,50 Meter und 90 Kilo Gewicht. Den Bahnhofsvorplatz ziert der „Dickbauch“. Er bringt stramme 120 Kilo auf die Waage. Der stattliche „Turmkater“ vor dem Amberger Congress Centrum misst sechs Meter. Vor dem Museum steht das „Elefantenduo“ und beim Raseliushaus der „Elefantenthron“.

Szene aus „Die Eroberung von Mexico"

Enthüllung des „Kunstschleckers"

Otmar Alt mit Richard Küster und Rainer Schulze (v.l.n.r.) im Kunstverein Wernigerode

Erneut zieht es Otmar Alt an die Bühne. An den Städtischen Bühnen in Münster übernimmt er das Bühnenbild und die Kostüme für die Inszenierung einer modernen Oper: „Die Eroberung von Mexico", ein Stück von Antonin Artaud nach einer Komposition von Wolfgang Rihm. Otmar Alt hat diesmal nicht nur Bühne und Orchestergraben, sondern auch den Zuschauerraum in seine Ausstattung einbezogen.

Für das Raphaelshaus in Dormagen, ein bundesweit anerkanntes Jugendhilfezentrum und Modellprojekt, gestaltet der Künstler eine Abteilung für traumatisierte Jungen. Neben den Fluren sind die einzelnen Zimmer und der Aufenthaltsraum vom Künstler mit großformatigen, märchenhaften Szenen bemalt worden. Die Wandgestaltung soll den jugendlichen Bewohnern durch ihre fröhliche und lebendige Farbigkeit neuen Lebensmut und Zuversicht vermitteln. Die Bilderwelten passen zu den therapeutischen Angeboten, die hier gemacht werden, um die Kinder und Jugendlichen wieder in die Gesellschaft zu integrieren.

2005 bekommt der Künstler in seiner Heimatstadt Wernigerode den lokalen Kulturpreis verliehen. Er bedankt sich für die Auszeichnung mit einer eigenen Skulptur, die vor dem Gerhard-Hauptmann-Gymnasium in Wernigerode enthüllt wird. Die Skulptur trägt den Namen „Kunstschlecker". Es handelt sich dabei um eine ironische Replik. Der Künstler zeigt einen Menschenkopf, der seine Zunge herausstreckt.

Plastiken von Otmar Alt sind das Thema einer Ausstellung in Sinsheim. Sie führt aus einem „spontanen Erlebnis heraus" zu einer ungewöhnlichen Kooperation und einem Experiment. Zusammen mit dem SPD-Oberbürgermeister der Stadt, Rolf Geinert, bringt der Künstler unter dem Titel „Erotische Geschichten im Glück der Lust" ein kleines Bilderbuch mit erotischen Skizzen heraus. Die prosaische Begleitung der deftigen Bilder steuert der Lokalpolitiker Rolf Geinert selber bei. Dort heißt es: „Der Spiegel an der Wand, die Sinnlichkeit sogleich enttarnt, und ihre Formen zeigen, was Nächte sonst verschweigen."

In diesem Jahr bekommt Otmar Alt in der Ruhrgebietsstadt Bochum den „Steiger Award" verliehen, mit dem in diesem Jahr erstmals Persönlichkeiten aus dem In- und Ausland geehrt werden, die sich den Tugenden des Steigers verbunden fühlen. Dazu gehören Geradlinigkeit, Offenheit, Menschlichkeit und Toleranz. Die Veranstaltung, an der zahlreiche VIPs und Prominente aus Politik und Medienwelt teilnehmen, wird von dem Bochumer Medienunternehmer Sascha Hellen organisiert, der schon seit vielen Jahren als Freund und Mitstreiter mit Otmar Alt verbunden ist.

Zum festen Kreis der Mitstreiter gehört in dieser Zeit auch Florian Benet-Riedel. Nach einem halben Jahr als Stipendiat der Otmar-Alt-Stiftung avanciert er zum Meisterschüler des Künstlers. Er wohnt für zwei Jahre auf dem Gelände der Stiftung und unterstützt den Künstler bei den laufenden Projekten als dessen künstlerischer Assistent und rechte Hand. Der junge Künstler hat sich gewünscht, auf der Bildtafel in der Rolle eines Wurmes stilisiert zu werden.

Auf der Bildtafel stellt der Künstler erstmals öffentlich seine drei Enkelkinder vor. Sie stammen vom Sohn seiner zweiten Frau Gundi. Das Familientrio besteht aus Jana Reili, Nikolas Thomas und Laura Nadine.

„Otmar ist ein zuverlässiger Freund. Ich schätze seine Verbindlichkeit. Man kann sich zu 100 Prozent auf ihn verlassen. Seine Kunst öffnet Herzen und regt zum Nachdenken an. Das Thema Menschlichkeit zieht sich wie ein roter Faden durch sein Schaffen, das imponiert und gefällt mir." **Sascha Hellen**

„Steiger Award": Da Otmar Alt an Krebs erkrankt ist, nimmt stellvertretend seine Frau Gundi den Preis entgegen

„Seltsame Blumen", 2005

Die Entwürfe und die Planung stammen von Stararchitekt Frank Gehry. Und so wundert es eigentlich niemanden, dass das im Jahr 2005 eröffnete Museum für zeitgenössische Kunst und Design in Herford mit einem Schlag die Stadt als Attraktion auf die Landkarte der Kunstfreunde katapultiert. Der jüngste Entwurf des gebürtigen Kanadiers fällt durch eine geschwungene Dachlandschaft aus Edelstahl und wellenförmige Wände auf, die zudem zu stürzen scheinen.

Das Museum trägt den Namen MARTa und wird binnen weniger Wochen als architektonisches Glanzlicht von Ostwestfalen-Lippe zu einem Anziehungspunkt. Fünf Galerien mit insgesamt rund 2.000 Quadratmetern Fläche bieten Raum für Wechselausstellungen. Ein weiterer Galeriebereich im ersten Stock des Zentrums dient unter anderem der Sammlung von MARTa Herford.

MARTa steht auf einem 8.100 Quadratmeter großen Grundstück in der Nähe des Herforder Bahnhofes. Mittelpunkt ist ein 22 Meter hoher Dom, um den sich fünf kleinere Galerien gruppieren. Die Räume sind fensterlos, haben aber Lichtkuppeln. Während die Außenmauern mit 180.000 Klinkern verkleidet sind, dominieren im Inneren glatte, zumeist weiße Wände, helles Holz und Edelstahl.

Das Museum hat 28,8 Millionen Euro gekostet – nahezu doppelt so viel, wie ursprünglich veranschlagt, was zu heftiger Kritik in Teilen der Bevölkerung geführt hatte. 24,3 Millionen Euro waren aus öffentlichen Mitteln aufgebracht worden, 4,5 Millionen Euro hatte die Wirtschaft beigesteuert. Die spektakulären Ausstellungen und Präsentationen, die speziell für Design, Gestaltung und Möbel ausgerichtet werden, organisiert für mehrere Jahre der ehemalige documenta-Leiter und künstlerische Direktor Jan Hoet, dem es immer wieder gelingt, neue Trends ausfindig zu machen und neben dem gefälligen Mainstream das Publikum zu provozieren. Diese Strategie scheint aufzugehen.

Viel beschrieben, legendenumwoben, weltbekannt: Die Frauenkirche in Dresden wird 2005 nach mehr als einem Jahrzehnt Bauzeit wieder neu eröffnet. Sie ist das Fanal des letzten Weltkrieges, Mahnmal für den Frieden und zugleich Ausdruck der Überwindung der sozialistischen Besetzung durch die DDR. Man nannte sie schon einen „Trotzkopf", den „protestantischen Petersdom" oder die „Feste Burg". Nicht umsonst steht vor ihr Martin Luther – als Denkmal zur Erinnerung an die Zeit der Reformation. Die Frauenkirche zu Dresden ist Symbol der Stadtgeschichte, sichtbarer Mittelpunkt Dresdens und zugleich Zeichen der bürgerlichen Kultur in der ehemaligen Residenz und heutigen Landeshauptstadt.

Sie war seit Anbeginn eine Herausforderung und ist es bis heute geblieben – ein bautechnisches Wunder. Wie aus einem Guss hergestellt aus dem prägnanten sächsischen Sandstein ist die Frauenkirche neben Zwinger, Semperoper und Schloss das architektonische Kleinod Dresdens. Und wie für wenige Bauwerke auf der Welt gilt hier der einst sozialistische Spruch wirklich: „Auferstanden aus Ruinen".

Es brauchte viele Millionen, um die völlig zerstörte Kirche Stein für Stein wieder aufzubauen und in ihrem ursprünglichen Glanz erstrahlen zu lassen. Der Wiederaufbau ist eine einzigartige Meisterleistung, die ihres gleichen sucht. Die Spendenzahlen im Laufe von 15 Jahren sprechen für die überwältigende Anteilnahme. Wenn die 95 Meter hohe Kirche innen wie außen 2005 offiziell eingeweiht wird, haben über eine halbe Million Menschen aus der ganzen Welt über 100 Millionen Euro für ihren Wiederaufbau gespendet.

Otmar Alt zollt auf seiner Bildtafel einer Politikerin seinen Respekt, die am 22. November des Jahres zur ersten Kanzlerin der Bundesrepublik Deutschland gewählt wird: Angela Merkel. Die CDU-Politikerin ist keineswegs eine Unbekannte. Unmittelbar nach der Wende wird sie vom damaligen Bundeskanzler Helmut Kohl erst als Bundesministerin für

Frauen und Jugend von 1990 bis 1994 berufen und anschließend bis 1998 als Bundesumweltministerin ins Kabinett geholt. Von 1998 bis 2000 amtierte sie als Generalsekretärin der CDU. Sie gewinnt dort die notwendigen politischen Erfahrungen, um sich in einer mehrheitlich von Berufspolitikern und Männern beherrschten Domäne mit Bravour und Respekt auch des politischen Gegners zu behaupten.

Bei der Bundestagswahl am 18. September 2005 erreichten CDU/CSU mit der Spitzenkandidatin Angela Merkel 35,2 Prozent (2002: 38,5) vor der SPD mit 34,2 Prozent. Damit blieb die Union deutlich hinter ihren Prognosen zurück und konnte ihr Wahlziel, die absolute Mehrheit der Bundestagsmandate für CDU/CSU und FDP, nicht erreichen. Neben der Union mussten auch die Sozialdemokraten deutliche Stimmeneinbußen hinnehmen, so dass die bisherige Regierungskoalition aus SPD und Grünen ihre Parlamentsmehrheit verlor.

Die Konstellation der Parteien machte Gespräche zwischen den beiden großen Volksparteien CDU/CSU und der SPD zur Bildung einer Regierung notwendig, da keine andere Konstellation verlässliche Mehrheiten erlaubte. Am 10. Oktober veröffentlichten SPD, CDU und CSU eine gemeinsame Vereinbarung, welche die geplante Wahl von Angela Merkel zur Bundeskanzlerin durch den 16. Deutschen Bundestag beinhaltete. Am 12. November stellte sie nach fünfwöchigen Verhandlungen der CDU/CSU mit der SPD den Koalitionsvertrag vor.

Zehn Tage später wird Angela Merkel zur Kanzlerin der Bundesrepublik Deutschland gewählt. Nach sieben männlichen Amtsvorgängern ist Angela Merkel die erste Frau im Amt des deutschen Bundeskanzlers. Gleichzeitig ist sie mit 51 Jahren die jüngste der Amtsinhaber. Sie ist auch die erste Person aus den neuen Bundesländern und die erste Naturwissenschaftlerin, die dieses Amt bekleidet – ein echtes Novum in der Geschichte der Bundesrepublik.

Bronzestuhl „Elefantenthron"

„Meisterstuhl"

2006

Ein großes Bild

Ein Rekord ist es allemal: Denn ein größeres Format hätte sich Otmar Alt kaum mehr vornehmen können. Sein „Kulturbild des Ruhrgebietes" wird unmittelbar nach seiner Enthüllung als die „größte Liebeserklärung Deutschlands" gehandelt. Das Kunstwerk ist 3.418 Quadratmeter groß und hat eine Höhe von 48 Metern. Am 28. März 2006 wird es in Essen enthüllt. Es schmückt plakativ und weithin sichtbar eine Fassade der RAG-Konzernzentrale in Essen (heute: Evonik AG). 16 Bergsteiger sind nötig, um das 1.200 Kilo schwere Transparent in einer spektakulären Aktion an dem 80 Meter hohen Gebäude zu entrollen.

Das Bild ist von jenen charakteristischen, fröhlichen Figuren bevölkert und von jener Farbigkeit bestimmt, die den Künstler weit über Deutschland hinaus bekannt gemacht haben. Das Gemälde strahlt ungebändigte Lebensfreude und Energie aus. Im Mittelpunkt prangt unübersehbar ein rotes Herz. Es schlägt für das Ruhrgebiet. Und es wird die Juroren des europäischen Gremiums, das die Europäische Kulturhauptstadt 2010 küren soll, bezirzen und in ihrer Entscheidung für Essen bestärken.

Das Bild entstand im Rahmen der von der RAG im November 2005 initiierten Kampagne „I love Ruhrgebiet" zur Unterstützung der Bewerbung „Essen für das Ruhrgebiet – Kulturhauptstadt Europas 2010". 48.000 Ruhrgebietsbürger formulieren dafür ihre persönlichen Liebeserklärungen an das Revier. Daraus wurden 45 Teilnehmer ausgewählt, die in drei Workshops Otmar Alt bei seiner Arbeit inspiriert haben. Das dabei entstandene Kunstwerk umspannt daher nicht von ungefähr einen Reigen von typischen Merkmalen des Reviers. Darunter spielen auch die Currywurst und der Fußball eine zentrale Rolle.

Während der Vorbereitung dieses Projektes kommt der Künstler mit dem damaligen RAG-Vorstandsvorsitzenden Werner Müller ins Gespräch und freundet sich mit dessen Marketingreferenten Markus König an, den der Künstler auf seiner Bildtafel als König verewigt hat und den er ironisch-freundschaftlich als seinen „Herrn Kaiser" tituliert.

Kulturbild für die Bewerbung Essens zur Europäischen Kulturhauptstadt 2010

Im gleichen Jahr startet in der Otmar-Alt-Stiftung die Veranstaltungsreihe „Mit Biss!", bei der Prominente vor Publikum im Veranstaltungssaal auf dem Künstlersofa Platz nehmen und von einem bekannten Moderator zu ihrem Leben befragt werden. Die Veranstaltungsreihe wird von dem Freund Sascha Hellen und seiner Beratungsfirma in Bochum redaktionell betreut und organisiert. Bis Dezember 2006 wird sie vom früheren Chefredakteur der Rheinzeitung, Martin Lohmann, moderiert. Ab Anfang 2007 bis zu seinem Tod im November 2008 führt der frühere ARD-Korrespondent in Frankreich, Heiko Engelkes, die Interviews mit den prominenten Gesprächspartnern.

Gäste sind unter anderem der Musiker Wolfgang Niedecken, die Ministerpräsidenten Roland Koch und Günther Beckstein, Werner Müller, Fritz Pleitgen, Konrad Beikircher, Emil Steinberger, Norbert Blüm, die Präsidentin des Zentralrats der Juden in Deutschland Charlotte Knobloch, Heinz Rudolf

In der Reihe „Mit Biss!" waren im Gespräch mit Heiko Engelkes unter anderem zu Gast:

Kunze, Gabriele Krone-Schmalz, Gregor Gysi, Otto von Habsburg, Israels Botschafter Shimon Stein, TV-Moderator Dieter Thomas Heck und die ehemaligen Botschafter Avi Primor und Rudolf Dressler.

Im gleichen Jahr engagiert sich Otmar Alt wieder für Kinder und Jugendliche. Neben Anke Engelke, Sönke Wortmann, Benjamin Lebert und dem deutschen Popsänger Sascha Schmitz, bekannt als „Sasha", ist er einer der prominenten Paten der Schulkampagne zur Fußballweltmeisterschaft. Er gehört wie seine prominenten Kollegen zur Jury, welche die von den Schülern eingereichten Beiträge zu bewerten hat. Der Kreativwettbewerb „Talente 2006 - Die FIFA WM in der Schule™" kann mit einer Rekordbeteiligung beendet werden. Ende Januar 2006 zeichnet die Jury die 100 besten Beiträge aus. Beim „Talente 2006 Festival" am 10. und 11. Mai 2006 in Berlin präsentieren die 100 internationalen Siegergruppen schließlich ihre Projekte einem großen Publikum.

Das kreative Potenzial der teilnehmenden Schülerinnen und Schüler scheint schier unerschöpflich zu sein. Eingereicht werden Gedichte, Bilder, Fotocollagen, Brettspiele, überdimensionale Bälle und Skulpturen, Kochbücher, Fitness-Videos, Regenschirme, Stühle, Computerspiele, Filme, Theaterstücke, Musicals und viele weitere fantasievolle Arbeiten zum Thema der Fußballweltmeisterschaft: „Die Welt zu Gast bei Freunden".

Kinder sind die Zielgruppe, die Otmar Alt bei dem Sponsorenprojekt „Der Löwe von Tannheim" vor Augen hat. Der Künstler stiftet der Nachsorgeklinik Tannheim eine Löwenskulptur, die vor dem Haupteingang der Klinik aufgestellt wird. Anschließend werden die krebs-, herz- und mukoviszidoserkrankten Kinder mit ihren Eltern und Geschwistern aufgefordert, in kreativen und fantasievollen Beiträgen darüber nachzudenken, wie denn der Löwe nach Tannheim gekommen ist. Dabei entstehen Geschichten und Bilder, die später in einem Märchenbuch veröffentlich werden.

Norbert Blüm

Peter Maffay (r.)

Werner Müller

Im Frühjahr trifft sich der Vorstand des Freundeskreises der Otmar-Alt-Stiftung in Bremen. Bei dieser Gelegenheit überreicht der Künstler bei einem geselligen Abend im Waldau Theater dem Initiator und Geschäftsführer der Bremer Musical Company, Thomas Blaeschke, für das Foyer der Spielstätte ein Gemälde mit den Bremer Stadtmusikanten. Damit bedankt sich der Künstler für mehrere Auftritte, die die Company in den letzten Jahren in Hamm absolviert hat. Thomas Blaeschke und die Bremer Musical Company sind zudem Preisträger des von der Otmar-Alt-Stiftung verliehenen Kulturpreises.

Otmar Alt wird von Mitgliedern des Freundeskreises und von Offiziellen der Stadt Hamm zur Ausstellungseröffnung einer Otmar-Alt-Retrospektive im Museum der Partnerstadt Bradford begleitet.

Mit einer Ausstellung neuerer Arbeiten des Künstlers wird im sauerländischen Kallenhardt die Galerie „Rabencafé" eröffnet. Das Café „Ra Ben" wird von den Freunden Uli Wolfkühler und Martina Mühlheims neben ihrem Pflegedienst, der APO Med GmbH, betrieben.

Anlässlich des 125-jährigen Jubiläums des Wuppertaler Zoos findet unter der Federführung des Freundes Hans Geiger in Wuppertal eine „Pinguinale" statt. Im ganzen Stadtgebiet von Wuppertal werden dafür 125 Kunststoffpinguine mit markanter Bemalung aufgestellt.

Auch der Hammer Oberbürgermeister Thomas Hunsteger-Petermann (l.) begleitet den Künstler nach Bradford

Die „Pinguinale" findet von April bis Oktober 2006 statt. Hauptperson der Aktion ist das Wappentier des Wuppertaler Zoos, der Königspinguin. Geplant sind ursprünglich 125 Tierfiguren, die symbolisch für die 125 Jahre Zoo stehen sollen. Von Unternehmen können sie zugunsten des Zoos erworben und individuell gestaltet werden. Aufgrund der guten Beteiligung werden schließlich 200 Pinguine aufgestellt, die in Mehrheit von Künstlern bemalt wurden. Otmar Alt steuert zu der Aktion drei eigene von ihm gestaltete Pinguine bei.

Der Tierfreund Otmar Alt pflegt gute Kontakte zu den Zoologischen Gärten in Münster, Wuppertal und auch Duisburg. Auf der Bildtafel errichtet er dem Freund Reiner Freese, Zoo-Direktor in Duisburg, ein eigenes Denkmal.

Im Sommer bricht der Künstler auf Einladung der Kolpianer aus Augsburg zu einer Reise nach Südafrika auf. Dort werden für das Kolpingwerk neue Spenden- und Hilfsprojekte koordiniert, bei denen sich Otmar Alt ebenfalls engagiert.

2006 wird ein bedeutender Geburtstag begangen. Mit einem Button erinnert Otmar Alt an das Mozartjahr. Dem Komponisten ist der Künstler im Geiste verbunden – denn er ist Freimaurer wie dieser.

Zwei Pinguine auf der „Pinguinale" 2006

2007

Ganz schön Alt

Martin Lätzel und Otmar Alt präsentieren die Entwürfe für die Kirche

„Ich mag an Otmar Alt, dass er ein unverbesserlicher Idealist ist, der das Gute im Menschen, Solidarität und Liebe, mit seinen Farben zum Blühen bringen möchte.“ **Martin Lätzel**

Von außen gesehen ist es unverkennbar ein neugotischer Kirchenbau, in seinem Inneren ein Kunsthaus, das eine Heimstatt sowohl für Kunst und Kultur als auch für Pastorales bieten soll – also eigentlich ein Kulturtempel im wahrsten Sinne des Wortes. So wollte es das Kuratorium „Stiftung St. Knud“ im holsteinischen Friedrichstadt. Doch so ist es leider nie realisiert worden. Das Geld für die nötigen Umbauten fehlt. Das muss sich selbst der Hauptpromoter des Projektes, Martin Lätzel, eingestehen, den der Künstler symbolisch im kurzen Hemd vor seiner Kirche porträtiert.

Die Entwürfe Otmar Alts, einschließlich eines beeindruckenden Triptychons, sind vom Künstler in großen Teilen umgesetzt. Die Kunstwerke harren allerdings ungenutzt im Atelier. Die Pläne für den weiteren Ausbau der Kirche schlummern in der Schublade. Der Künstler wollte dem markanten Gebäude mit seiner Handschrift ein ganz neues Gepräge geben. „Der neue Raum sollte durch die Formen- und Farbsprache eine positive und lebensbejahende Atmosphäre entfalten“, erläutert Otmar Alt seine Ideen.

Unter dem Druck schwindender Kirchensteuereinnahmen sieht sich die katholische Kirche immer häufiger gezwungen, sakrale Gebäude durch Umbauten und Umgestaltungen sowie neuen Konzepten einer neuen Nutzung zuzuführen. Die vor ein paar Jahren profanierte Kirche „St. Knud“ im schleswig-holsteinischen Friedrichstadt gehört zu jenen Projekten.

Das Gebäude sollte sich unter diesem Aspekt zu einem Vorzeigeprojekt entwickeln. Die vielfältigen Möglichkeiten der umgestalteten Kirche sollten es der Gemeinde erlauben, in einer neuartigen und modernen Weise mit ihren Mitgliedern in Kontakt zu treten: Der Kulturtempel als Symbol einer „lebendigen Kirche“.

„Pinselmann“

Es ist, als wenn der kleine gotische Gnom aus dem Skulpturengarten des Künstlers dieses Treiben fassungslos beobachten würde. Otmar Alt hat eine dieser skurrilen Steinskulpturen, ein Mitbringsel aus England, bemalt und zu einem „Pinselmann“ umfunktioniert.
Er bewacht die Brücke über dem Weiher inmitten des Gartens.

Das Jahr 2007 ist das Datum für eine ungewöhnliche Ausstellung: „Ganz Alt“. Das Konzept bietet eine Gegenüberstellung. Kunst trifft Wissenschaft. Das Museum für die Archäologie des Eiszeitalters auf Schloss Monrepos in Neuwied präsentiert diese Ausstellung mit eigens für diese Präsentation von Otmar Alt gestaltete Werken.

Sie ist weit mehr als bloß ein Experiment, sie ist mehr als ein singuläres Ereignis, sie ist eine inspirierende Gegenüberstellung von Kunst- und Kulturge-

„Artefaktepuzzle"

„Freude ist die Essenz unseres Lebens. Freude am Leben, Freude am Lieben, Freude am Geniessen."
Christine und Rudi Grieshaber

schichte, die beides zueinander kreativ und herausfordernd in Wechselwirkung setzt. Sie erlaubt beiden Seiten, sowohl der Wissenschaft als auch der Kunst einen Erkenntnisgewinn.

Otmar Alt entfaltet auf seinen Bildern eine sinnliche wie farbenfrohe Auseinandersetzung mit den Kunstformen oder Mischwesen unserer frühen Kultur. Der Künstler hat eine malerische Neuinterpretation unserer Vergangenheit als Jäger geschaffen. Er setzt sich dabei mit der Altsteinzeit und ihren Überbleibseln auseinander. Die Altsteinzeit ist der längste und prägendste Abschnitt der Menschheitsgeschichte und zugleich eine grundlegende Entwicklungsphase der modernen Kultur. Denn während dieser Epoche bildeten sich die biologischen, geistigen Grundlagen und Fähigkeiten aus, die den Menschen von heute charakterisieren. Figuren und Zeichen dieses Zeitabschnitts zählen mit zu den ganz frühen Spuren menschlicher Kultur. Die Arbeit an der Ausstellung bringt den Künstler mit Professor Sabine Gaudzinski-Windheuser, Olaf Jöris und Barbara Rüschoff-Thale vom LWL-Museum (Landschaftsverband Westfalen-Lippe) für Archäologie in Herne zusammen – ein inspirierender Kontakt, der den Anstoß zu neuen Projekten gibt.

Im Jahr 2007 hinterlässt der Künstler einmal mehr eine Art Duftmarke in einem kleinen, aber feinen Privathotel. Otmar Alt gestaltet eines der Zimmer im „Grieshaber's Rebstock", dem Künstler- und Themenhotel von Christine und Rudi Grieshaber in Kehl am Rhein.

Zwei Männer, zwei Künstler, zwei Freunde: Otmar Alt und Arno Schlader. Sie haben sich einst anlässlich einer Ausstellung mit Arbeiten von Otmar Alt in der Galerie „de Nickel-Schuppen" in Jülich-Koslar kennen gelernt. Es sollte eine Begegnung mit Langzeitwirkung werden.

Ihre zehnjährige Freundschaft feiern sie 2007 mit einer Ausstellung in Koslar, die den Titel trägt: „Männlich – weiblich". Anschließend wird diese Ausstellung auch im Kunsthaus in Simmerath in der Eifel gezeigt. Sie zeigt Werke, die die beiden Freunde, teils unterstützt von der Goldschmiedemeisterin Anja Schlader sowie der Glasmalerei-Werkstatt Oidtmann aus Linnich, geschaffen haben. Die Schmuckstücke von Anja Schlader sind in die Bilder integriert. Erstmals zu sehen ist ein überdimensioniertes Mobile, eine fünf Meter große Plastik in der typischen Formensprache Otmar Alts.

Unter dem Titel „Das Wagnis der Phantasie" werden im Sommer dieses Jahres über 40 Kunstwerke von Otmar Alt in der Fundación Tabaluga, der Peter-Maffay-Stiftung in Pollença auf Mallorca, ausgestellt. Die Werkschau wird von Rockmusiker Peter Maffay selbst ermöglicht, der einige Monate später für sein soziales Engagement den Kulturpreis der Otmar-Alt-Stiftung verliehen bekommt.

Der 58-jährige Musiker wird damit für sein künstlerisches Schaffen und sein soziales Engagement für Kinder in Not geehrt. Die Laudatio auf Peter Maffay während der Preisverleihung in Hamm hält die Vizepräsidentin des Deutschen Bundestages, Susanne Kastner.

Neben seiner musikalischen Arbeit ist Peter Maffay politisch engagiert und setzt seine Ansichten zum Teil in Liedern um. So auch in seinen Song „Eiszeit", in dem er über Kriege und die Umwelt sinniert. Er ist in der Friedensbewegung aktiv, gibt andererseits 2005 ein Konzert bei den deutschen ISAF-Truppen in Afghanistan.

Maffay stellt durch seine Stiftungen Gelder für Projekte zur Unterstützung traumatisierter Kinder zur Verfügung. Auf Mallorca hat er bei Pollença einen Bauernhof errichtet, hier können traumatisierte Kinder aus aller Welt für zwei Wochen kostenlos Ferien machen, um so ihr Leiden etwas zu lindern. Für sein soziales Engagement erhält er 1996 das Bundesverdienstkreuz, 2001 die Goldene Henne und 2006 den erstmalig vergebenen World Vision Charity Award.

Der Preisträger Peter Maffay umringt von Otmar Alt und der Laudatorin, der stellvertretenden Bundestagspräsidentin Susanne Kastner

2007 wird mit der Aufstellung der Stahlplastiken „Miro & Poldi" auf dem Bahnhofsplatz in Amberg ein künstlerisches Projekt am Beruflichen Schulzentrum Amberg beendet, bei dem Otmar Alt als geistiger Vater Pate gestanden hat.

Ziel des Projektes war es, eine präsentable Stahlplastik zu realisieren, die die Stadt Amberg in kultureller Hinsicht bereichert und für die Jugend ein Vorbild ist, künstlerische Visionen zu realisieren. Die rund 100 Einzelteile werden von den Berufsschülern selbst nach einer gemeinsam entwickelten Konzeption im Werk- und Kunstunterricht der Schule erstellt und zusammengefügt.

Im gleichen Jahr entsteht in bewährter Zusammenarbeit mit der Evelyn-Glashütte in Amberg der Glashüttengeist „Turandl", eine Glasfigur, die eine Mischung aus einem fröhlichen Zauberer und einem Dämon aus dem lodernden Feuer ist.

Wunder, Magie und Zauberei sind so ganz nach dem Geschmack des Künstlers. Manchmal möchte er diese Kräfte beschwören, um Unbill von sich abzuwenden oder dem Unrecht in der Welt zu begegnen. Aber vielleicht hilft dagegen nur die Fantasie?
Otmar Alt zeigt sich auf der Bildtafel fasziniert von Jesus, der trockenen Fußes über das Meer wandelt.

„Otmar Alt ist ein großartiger Künstler und ein Menschenfreund. Er strahlt eine Lebensfreude aus, die ansteckend ist, ist bodenständig und ehrlich. Ich tauche gerne in seine Welt ein, liebe seine Bilder und das Zusammenspiel der Farben." **Peter Maffay**

„Turandl", Glasfigur

„Ja, solche Fähigkeiten sollte man zur Verfügung haben."

Der Künstler engagiert sich in der Welt handfest, praktisch, einfach zupackend – mit seinen eigenen Mitteln und in seinem künstlerischen Vokabular: So gestaltet er im Jahr 2007 eine lebensgroße, prallbunte Pinguinfigur als Dankeschön für das Kolping Gästehaus in Durbanville bei Kapstadt. Sie steht als Zeichen einer ebenso besonderen wie lebendigen Verbindung zwischen Kolping in der Diözese Augsburg und Kolping in Südafrika.

Dass Otmar Alt ausgerechnet einen Pinguin als Vorbild für seine Plastik nimmt, hängt mit einer Verrücktheit der Natur zusammen. Ausgerechnet an die Küste von Südafrika, bei Boulders, haben sich 1985 eine Handvoll Eselspinguine verirrt, niedergelassen und eine Kolonie gegründet. Normalerweise findet man diese Tiere nur in der Antarktis.

Eselspinguine gehören mittlerweile zu den bedrohten Pinguinarten. Sie sind klein und wirken, wie alle Pinguine, durch ihre scheinbare Unbeholfenheit und vorwitzige Neugier sehr putzig, liebenswert und freundlich. Ihren Namen haben sie von ihren Rufen, die denen der Esel ähnlich sind. Die kleine Kolonie in Südafrika hat sich mit den Jahren stark entwickelt und ist inzwischen in dieser Region eine Attraktion für den Tourismus geworden.

Der Künstler setzt mit seiner lustigen Pinguinfigur zugleich auch Father Roland Pasensie, dem Kolping National Präses für Südafrika, und Joachim Lehmann, dem Geschäftsführer des Kolping-Bildungswerkes in der Diözese Augsburg, ein Denkmal. Mit Adolf Kolping erklärt der Künstler: „Tun wir nach besten Kräften das Beste und Gott wird das Gute nie ohne Segen lassen."

Dagegen sollten die profanen Dinge des Lebens eigentlich verblassen. Angesichts der aktuellen Aufgeregtheiten kann sich der Künstler nur köstlich amüsieren. So tituliert er – nicht ohne beißende Ironie – das Rauchverbot, das in diesem Jahr für öffentliche Räume und die Gastronomie verhängt wird als das achte Weltwunder. Denn das Rauchverbot bringt mehr Menschen in Harnisch als all die Ungerechtigkeiten um Arm und Reich, die uns aktuell begegnen. Darüber kann der Künstler nur verwundert seinen Kopf schütteln.

„Du und Du als Künstler hast gehandelt, gewirkt, hast uns Mut gegeben und viel Freude."
Joachim Lehmann

Otmar Alt (l.) mit Father Roland

„... und Buddha weiss, welchen langen gemeinsamen Weg wir schon gegangen sind!" **Hans Hesse**

„Einem Künstler, der die Grenzen zwischen Kunst und Leben aufgehoben hat. Einem störenfriedlichen Maler und Plastiker, der mit seinen Arbeiten den Menschen sucht - und erreicht. Otmar Alt möchte ich als Freund nicht missen." **Peter Tschoepe**

„Hätte uns Otmar nicht vor vielen Jahren ‚angestiftet', würden uns viele Eindrücke und Erlebenisse fehlen!" **Marianne und Bernd Reinker**

Otmar vor der überlebensgroßen Figur „Der Wächter"

2008 Mensch bleiben

Das könnte das Lebensmotto des Künstlers sein: „Mensch bleiben". Denn immer wieder betont dieser, dass für ihn das „Leben jeden Tag ein neuer Versuch ist" – jeder Tag bietet die Herausforderung, sich als Mensch zu bewähren. Der Künstler ist davon überzeugt: „Niemand vermag alles richtig zu machen. Niemand kann sich von morgens bis abends moralisch integer und gut verhalten." Bei allen Anfeindungen, bei allen Irritationen und bei aller Verzweiflung, die uns auf unserem alltäglichen Lebensweg packen und verunsichern können, komme es vor allem darauf an Mensch zu bleiben.

Ein Kreis schließt sich. Denn „Mensch bleiben" – so lautet auch der Titel einer Veranstaltungsreihe der Stadtwerke Bochum, die 2008 von dem Medienberater und Otmar Alt-Freund Sascha Hellen ins Leben gerufen wurde und redaktionell betreut wird. Als Talkmaster und Moderator hat man Dietrich Grönemeyer gewinnen können, der durch seinen Buchtitel der Veranstaltungsreihe auch den Namen gegeben hat.

Der Bochumer Mediziner und Bruder des Deutsch-Rockers Herbert Grönemeyer diskutiert zweimal im Jahr im Atrium der Stadtwerke mit prominenten Gästen. Dabei dreht sich das Gespräch um den ganzen Menschen – den öffentlichen wie den privaten. Es ist also keine klassische Talk-Show, sondern das Gespräch entwickelt sich in einem Dialog. Das Publikum wird Zeuge eines Gedankenprozesses.

Die Achse ist festgeschrieben. Sie verläuft zwischen Hamm und Bochum. Sascha Hellen gelingt es immer wieder, Prominente auf die Bühne zu bringen. Auch in Hamm bei der Veranstaltungsreihe „Mit Biss!". In diesem Jahr ist einer der prominenten Gäste der Landesvater von Niedersachsen, Christian Wulff. Ihn porträtiert der Künstler auf seiner Bildtafel in einer Szene, die an Wulff bei seinem Gespräch auf der Couch mit Heiko Engelkes erinnert: Der junge Christian Wulff in einem knallroten Tretauto. Dies ist ein Brückenschlag ins Hier und Jetzt. Wulff sitzt nämlich als Vertreter des Landes im Aufsichtsrat von Volkswagen und lässt sich selbst vom präpotenten Porsche-Boss Wendelin Wiedeking nicht vertreiben.

In diesem Jahr begleitet Sascha Hellen wieder einmal den 14. Dalai Lama durch Deutschland und in seine Heimatstadt Bochum. Der Zeitpunkt dieses Besuches ist mit Bedacht gewählt. Die Olympischen Spiele in Peking stehen vor der Tür, und damit steht das Thema Menschenrechte auf der Tagesordnung. Der Besuch des tibetischen Oberhauptes wird kontrovers aufgenommen. Die chinesische Regierung interveniert bei der Bundesregierung und unterstellt ihr, dass man sich vom Dalai Lama vor den propagandistischen Karren hat spannen lassen.

Otmar Alt macht bei dieser Gelegenheit in Bochum Bekanntschaft mit dem politischen und religiösen Oberhaupt der Tibeter. Anlässlich des Besuches findet sich eine illustre Riege von Prominenz aus Politik und Kultur ein und drängt vor die Objektive, um sich mit seiner Heiligkeit fotografieren zu lassen. „Es macht sich offenbar gut, sich in diesen Tagen mit dem Dalai Lama zu zeigen", hat der Künstler die Szenerie vor Augen. „Ich fand es pervers und peinlich." Verständlich daher, dass es kein Foto der Begegnung von Otmar Alt mit dem Dalai Lama gibt.

Der Dalai Lama versucht aus seinem Exil in Indien, wohin er 1960 vor den chinesischen Besatzern geflohen ist, internationale Unterstützung für die Sache Tibets zu gewinnen. Viele Reisen führen ihn regelmäßig nach Europa, wo seine Botschaft am ehesten Gehör findet. Für seinen gewaltlosen Kampf gegen Unterdrückung und Ungerechtigkeit wurde der Dalai Lama mit zahlreichen Auszeichnungen geehrt, unter anderem mit dem Friedensnobelpreis. Wie kaum eine andere internationale Persönlichkeit macht der Dalai Lama deutlich, dass langfristiger Frieden ohne die Wahrung der Menschenrechte nicht denkbar ist.

Die Olympischen Sommerspiele 2008 werden vom 8. August bis zum 24. August 2008 hauptsächlich in der chinesischen Hauptstadt Peking ausgetragen. Es sind die ersten Olympischen Spiele, die im kommunistischen China stattfinden.

Der Austragungsort ist bis zum Ende der Spiele in den Kommentaren der westlichen Nationen höchst umstritten, weil China wegen zahlreicher Menschenrechtsverletzungen und nicht zuletzt wegen seiner katastrophalen Umweltpolitik in der internationalen Kritik steht.

Die Spiele finden ohne nennenswerte Vorkommnisse statt, wenn man davon absieht, dass es bei der Berichterstattung über die Politik und Gesellschaft Chinas eine strenge Zensur gibt. Die chinesische Regierung kann trotzdem den propagandistischen Auftritt vor allem während der spektakulären Eröffnungs- und Abschlussfeier für sich nutzen und stellt sich auf der internationalen Bühne im glanzvollen Licht ihrer Illuminationen und spektakulären Feuerwerke dar.

Etwa 11.100 Sportler treten in den 302 Wettbewerben in 28 Sportarten an, womit eine Disziplin mehr als bei den Olympischen Sommerspielen 2004 in Athen auf dem Programm steht. 37 Austragungsstätten werden für die Veranstaltungen benutzt. Es sind Spiele der Superlative, die im Vorfeld eine perfekte Planung und Organisation erforderlich machten. Das neu errichtete Olympiastadion in Peking, eine kühne Architekturleistung, die schon bald den Spitznamen „Vogelnest" bekommt, stammt von den Architekten Herzog & de Meuron aus Basel.

Das Jahr 2008 markiert eine Wende in der Politik der USA. Am 4. November 2008 wird Barack Obama von einer überwältigen Mehrheit zum künftigen Präsidenten gewählt. Nach seiner Amtseinführung am 20. Januar 2009 ist er der 44. Präsident der Vereinigten Staaten von Amerika und damit Nachfolger von George W. Bush, der von vielen Historikern und Zeitgenossen als der schlechteste amerikanische Präsident aller Zeiten gesehen wird.

Barack Obama ist durch seinen Wahlkampf unter dem verbindenden Motto „Yes we can" zum Hoffnungsträger nicht nur in den Vereinigten Staaten geworden. Beinahe die ganze Welt verspricht sich von dem neuen Mann, dem ersten farbigen Präsidenten im Weißen Haus, eine andere, eine neue Politik und mehr Frieden in der Welt. Otmar Alt stellt daher auf seiner Tafel das Porträt des Hoffnungsträgers in das Bild einer aufgehenden Sonne – ebenso wie die programmatische Aufforderung: „Wehrt Euch!".

Im Sommer unternimmt der Künstler zusammen mit einer Gruppe Kolpianer eine Reise nach Südafrika. Er folgt damit einer Einladung als Dankeschön für die Pinguin-Plastik, die er im vorherigen Jahr für das Kolping Gästehaus in Durbanville bei Kapstadt gestaltet hatte. Ihre Tour führt die Gruppe unter anderem in den berühmten Krüger Nationalpark in Südafrika.

2008 ist für den Künstler von Anfang an abermals ein Jahr voller Ausstellungen und Präsentationen. Sie scheinen sich aneinander zu reihen wie die Perlen einer Kette.

Im Januar 2008 geht im Restaurant Gummersbach in Essen-Borbeck eine Modenschau und Vernissage über die Bühne, bei der die Modekollektion „Otmar + Eva" erstmals der Öffentlichkeit vorgestellt wird. Sie ist in enger Zusammenarbeit zwischen der Hammer Modemacherin Eva Weinreich und Otmar Alt entstanden.

Die Klammer für die Kollektion aus 15 Unikaten sind Sinnlichkeit und Verführung. Die Kollektion überrascht den Betrachter mit ihren phantasievollen und durchaus spielerischen Modellen und ihren neckischen Einblicken. An dieser bis ins Detail nach Entwürfen des Künstlers Otmar Alt gefertigten Haute Couture gibt es immer wieder etwas Neues zu entdecken.

Über 400 Stunden dauerte es, die insgesamt 15 Outfits zu schneidern. Eingesetzt wurden unter anderem Samt und Organza. Die einzelnen Schnitte und die bunten Applikationen erinnern an typische Otmar-Alt-Motive. Die Kollektion richtet sich nicht an besonders schlanke Körper, sondern ist, wie der Künstler hervorhebt, für „echte Körper" entworfen. Sie soll Frauen aus verschiedenen Generationen Mut machen, um sich selbst selbstbewusst wahrnehmen.

Die Vorarbeiten zu „Otmar + Eva" sind bereits zwei Jahre zuvor begonnen worden. Mit seinen Skizzen knüpft der Künstler an seine Anfänge an, denn ursprünglich wollte Otmar Alt einmal Modedesign studieren und hat später sein Faible für den Umgang mit exklusiven Stoffen und bunten Geweben in die Gestaltung von Theaterkostümen einfließen lassen. Eva Weinreich und Otmar Alt lernten sich einige Jahre zuvor bei Workshops kennen und erkannten, dass sie sich auf einer Wellenlänge befinden.

Im Sommer des vorherigen Jahres hatte die Modedesignerin Eva Weinreich in der Otmar-Alt-Stiftung eine Veranstaltung zu Mode, Stil und Design ausgerichtet. Unter dem Motto „Unbeschreiblich? Weiblich!" präsentierten damals fünf Modemacherinnen und Designerinnen aus der Region eigene Kreationen und stellen ausgewählte Einzelstücke aus.

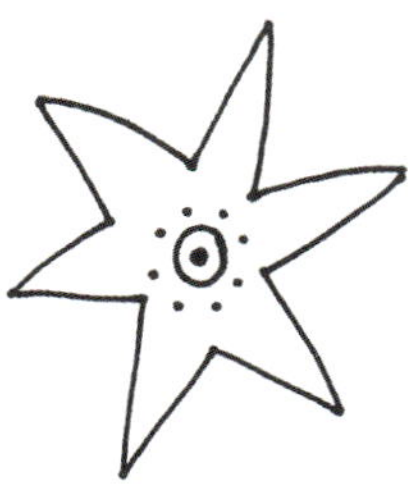

„Otmar Alt ist für mich: Farben-Meister und Lebens-Maler, Fantast und Formvollender, Freund und Ideengeber. Ich freue mich, dass es Otmar gibt und wünsche ihm und uns, dass es so bleibt!" **Eva Weinreich**

Mode, kreiert von Otmar Alt, umgesetzt von Eva Weinreich

Urzeitpferd aus der Sicht des Künstlers

Vom Innenhof der PVS Westfalen-Nord fällt der Blick auf die schönen Kunstwerke Otmar Alts, der hier gerade signiert

„Unsere Freundschaft beruht auf gegenseitigem Verstehen und unserer Verbundenheit in Freud und Leid. Ich liebe seinen hintergründigen Humor, die gemeinsamen Stunden der Diskussion, des Ringens im Gespräch, die Breite seiner Interessen und Ambitionen."

Rolf Grewe

Unter dem Titel „Meet and Greet" hat im Sommer die Privatärztliche Verrechnungsstelle Westfalen-Nord in Münster zu einer Vernissage der besonderen Art eingeladen: Das Verwaltungsgebäude erinnert den Besucher an ein Otmar-Alt-Museum. Sämtliche Büros und Besprechungsräume sind mit Bildern des Künstlers bestückt. Im Treppenhaus fällt das Licht durch ein bunt-schillerndes Glasfenster, das vom Künstler gestaltet wurde. Im Innenhof wird bei dieser Gelegenheit eine Großplastik eingeweiht. Begrüßt wird der Künstler anlässlich dieses Events von dem Vorsitzenden des Aufsichtsrates Rolf Grewe, der ebenfalls zum Freundeskreis des Künstlers gehört.

Otmar Alt wird von einer kleinen Delegation begleitet, als in Cambridge, im amerikanischen Staat Massachusetts, eine Otmar-Alt-Ausstellung eröffnet wird. Auf der Bildtafel steht die Veranstaltung unter dem Zeichen des Krebses, dem Wappentier der Partnerstadt von Düren. Freunde aus Düren waren es, die diesen Kontakt aufgebaut und die Ausstellung vorbereitet haben.

Die Ausstellung „Ganz Alt" wandert von Schloss Monrepos in Neuwied zu ihrem nächsten Ort nach Blaubeuren, ins dortige Urgeschichtliche Museum.

Ballettszene aus „Rumpelstilzchen"

„Alice im Wunderland' und ‚Rumpelstilzchen' - dass Otmar, zu diesen Balletten mit meiner Musik eine so zauberhafte, fantasiereiche, farbige, heitere, oft humorvolle Ausstattung geschaffen hat, macht mich glücklich, und ich bin ihm dankbar. Möge es uns vergönnt sein, noch viele Jahre - beruflich und freundschaftlich verbunden - so erfolgreich tätig sein zu können!"
Herbert mit Marianne Baumann

„Töchter des Zeus", Aquarell

„Liebe, Lust und Leidenschaft" nennt sich die Ausstellung mit erotischen und höchst pikanten Bildern von Otmar Alt, die auf Betreiben von Sibylle Bruns-Decker, der Kulturbüroleiterin der Stadt Buxtehude in Buxtehude gezeigt wird. Es ist ein Projekt in jener Stadt an der deutschen Märchenstraße, von der es heißt, dass sich hier das sagenumwobene Wettrennen zwischen dem Hasen und dem Igel aus dem Märchen der Gebrüder Grimm zugetragen hat.

Zu dieser Ausstellung erscheint auch eine kleine Publikation, die deren Titel trägt. Den Text hat Professor Volkmar Jacobi vom Institut für Diagnostische und interventionelle Radiologie an der Johann Wolfgang Goethe-Universität in Frankfurt am Main beigesteuert. Einmal mehr ist dies ein Zeugnis für eine kreative Verbindung mit dem Künstler.

Der Künstler übernimmt in diesem Jahr wieder die Ausstattung und die Kostüme für eine Ballettinszenierung. Am Pfalztheater in Kaiserslautern wird „Rumpelstilzchen" von Stefano Giannetti mit der Musik des Komponisten Herbert Baumann als Ballett nach dem Märchen der Gebrüder Grimm inszeniert. Dies ist die Fortsetzung einer erprobten Zusammenarbeit zwischen Stefano Giannetti, Herbert Baumann und Otmar Alt. Zusammen hatten sie bereits am Stadttheater in Hof mit großem Erfolg das Ballett „Alice im Wunderland" auf die Bühne gebracht.

In Biberach beteiligt sich der Künstler an einer Kunst-Aktion, die sich an Kinder und Jugendliche richtet. Die Aktion wird von der „JUKS", der Jugendkunstschule, veranstaltet, die sich weit über die Grenzen der Stadt wegen ihrer Arbeit einen guten Namen erworben hat. In der Jugendkunstschule lernen Kinder und Jugendliche künstlerische Möglichkeiten kennen. Dort steht die Auseinandersetzung mit Arbeitsweisen, Techniken und Materialien aus den Bereichen Theater, Tanz, Bildnerisches Gestalten, Medien und Literatur auf dem Programm.

Hund „Leo“ mit seinem Herrchen

„Das Leben ist ein Versuch und ein Bemühen. Das Zwischenmenschliche ist immer ein Bemühen, sich ein Stück auf die Landkarte des Anderen zu begeben.“ **Kolja Lewerentz**

Auf seiner Bildtafel errichtet Otmar Alt erneut einigen Mitstreitern, Mitarbeitern und Freunden ein Denkmal – mitunter ironisch mit einem feinen Augenzwinkern wie bei Simone und Klemens Kania, die in Kelmis, einem winzigen Ort in der belgischen Provinz Lüttich, eine eigene Galerie betreiben und dem Künstler seit langem verbunden sind.

So wird auch Henning Szabanowski, Vorstand der Jugendinitiative „Juventus“ und Mitglied des Beirates der Otmar-Alt-Stiftung, zusammen mit seinem Hund porträtiert.

Hund ist auch das Stichwort für die nächste Referenz. Sie bezieht sich auf Günter Lamprecht und seine Frau Angelika aus Wolfsburg. Sie werden zusammen mit ihrem Hund „Leo“ vorgestellt. Bis zu seinem Tod spielte dieser im Leben der beiden Eheleute eine große Rolle – so groß, dass Otmar Alt ihn auch überlebensgroß zwischen seine beiden Besitzer postiert hat. „Leo“ verstirbt übrigens exakt eine Woche bevor auch „Leo“, der Leonberger Hund des Künstlers das Zeitliche segnet. Ein bemerkenswerter Zufall.

Mit spitzer Feder porträtiert Otmar Alt seinen ehemaligen Meisterschüler und Assistenten Florian Benet-Riedel, der ihm in den vergangenen Jahren zur Seite gestanden hat. Er sitzt auf der Tuschzeichnung als begabter Hobbykoch ausgerechnet selber im Kochtopf. Neben ihm steht seine Lebensgefährtin Maren.

Den Abschluss der Bildtafel bildet eine gemalte, ebenso liebevolle wie heitere Danksagung an Kolja Lewerentz, der sich in diesem Jahr als tatkräftiger Mitstreiter in das Team der Alt-Factory integriert und durch seine handwerklichen Fähigkeiten beinahe unentbehrlich gemacht hat.

Eingangsbereich der Stiftung

2009 ff

Morgen ist auch ein Tag

Die Bildtafel ist unvollendet, das Werk noch nicht vollbracht. Das Ende des Reigens bleibt also offen, so als wenn zur Erfüllung des Lebens weitere Herausforderungen zu bestehen sind. Gott sei dank, so atmet man als Betrachter auf. Der Künstler hält fest, dass sein Weg offenbar nicht zu Ende und das Ziel noch nicht erreicht ist.

„Morgen ist auch ein Tag", sagt Otmar Alt, wohlwollend und durch Erfahrung weise geworden, beschwichtigend und mit einer Portion Optimismus, so als wolle er dem Betrachter und sich selbst Mut zusprechen. Der Künstler hat zwar über den Tod und sein Ableben nachgedacht und mit dem halb geöffneten Sarg einen künstlerischen Ausdruck dafür gefunden, aber die letzte Bildtafel des Zyklus' enthält weiße Flecken, die ausgefüllt sein wollen.

„Letzte Reise", 2009

Otmar Alt stellt sich zum Abschluss seiner Arbeit der Frage nach seiner Bestimmung und seiner Erfüllung. Auf der Bildtafel hat der Künstler dazu eine Antwort parat. Er verewigt sich mit einem Selbstporträt: Als Clown, der sowohl dem Leben als auch dem Tod mit Gelassenheit und Heiterkeit entgegentritt.

Der Narr vertreibt die bösen Geister und Dämonen, die über ihm schweben. Es sind menschliche Gesichter, die allegorisch zu Fratzen und Masken verfremdet sind und einem düsteren Alptraum entsprungen scheinen. Da werden Erinnerungen wach. An Menschen, durch die er Böses und Leid erfahren hat. Da blitzt für einen Moment sogar die Erinnerung an den Vater auf.

Das Selbstporträt adressiert sich zugleich an den Betrachter. Ihm wird Mut zugesprochen: „Bleibe heiter, was auch immer geschieht, denn Morgen ist ein neuer Tag."

Da mag selbst die knöcherne Hand, die sich nach dem Bild des Clowns reckt, keine Furcht mehr auslösen. Sie erscheint wie eine Ironie, wiewohl sie mit dem Symbol der Uhr daran erinnert, dass die Zeit abzulaufen droht. Es ist fünf vor zwölf.

Der Künstler erinnert daran, dass sein Leben mitunter an einem seidenen Faden hängt. Am Leben erhalten wird er durch die Kunst der Ärzte und nicht zuletzt durch die Zauberkraft der Medizin. „Manchmal komme ich mir vor wie eine wandelnde Chemiefabrik", sagt er mit trotziger Ironie und häuft wie zum Beweis einen Berg von leeren Tablettenpackungen auf.

Doch die Vitalkraft und der Gestaltungswille des Künstlers sind ungebrochen: Unermüdlich und mit beispielloser Disziplin ist Otmar Alt auch in den Jahren 2009 und 2010 mit zahlreichen künstlerischen Projekten befasst. Sein wichtigstes Thema: Er will die Otmar-Alt-Stiftung auf eine tragfähige wirtschaftliche Basis stellen, damit sie auch langfristig ihrem Auftrag nachgehen kann. Keine leichte Aufgabe, denn innerhalb nur weniger Jahre hat sich der Kunsthandel in der Bundesrepublik stark gewandelt. Viele Galerien haben aufgegeben oder stehen kurz vor ihrem Ende, weil mit Kunst kaum noch ein Geschäft zu machen ist. Die Stiftung ist mithin besonders auf Unterstützung von außen und auf Sponsoren angewiesen.

Dennoch der Künstler lässt sich nicht entmutigen. Mit unermüdlichem Fleiß arbeitet er an neuen Projekten. Sie sollen nach Möglichkeit der Stiftung auch weitere Spendengelder einbringen. Mit immer neuen Ausstellungen macht er von sich reden: Ab April 2009 werden die 31 biografischen Bildtafeln unter dem Titel „Otmar Alt – Der Rabe im Zentrum der Weltgeschichte" im Weltkulturerbe Völklinger Hütte erstmals der Öffentlichkeit vorgestellt. Ab dem 21. Februar 2010 sind sie im Hammer Gustav-Lübcke-Museum für zwei Monate unter dem Titel dieser Publikation, „Otmar Alt – Zeichensetzer seiner Zeit", zu sehen.

Peter Maffay, Jens Oberheide und Otmar Alt (v.l.n.r.)

Jens Oberheide

In Mainz wird der Künstler Otmar Alt im Sommer 2009 mit einer besonderen Präsentation geehrt: Zwischen dem 19. Juli und 25. August zeigt die Rheingoldhalle die weltgrößte Otmar-Alt-Ausstellung: Über 10.000 Besucher ziehen an den rund 1.000 Kunstwerken vorbei, die einen einzigartigen Überblick über das vielseitige Schaffen des Künstlers bieten.

Am 28. August 2009 öffnet das LWL-Museum für Archäologie in Herne seine Pforten zur Ausstellung „Otmar Alt – Die verzauberte Welt des unbekannten Archäologen". Im Mittelpunkt dieser Präsentation stehen die Werke, die bereits auf Schloss Monrepos und im Museum Blaubeuren zu sehen gewesen sind. Allerdings liegt in Herne der Fokus auf den Kunstwerken. Dafür hat man die Ausstellungshalle zu einer fantasievoll gestalteten Wohnung eines fiktiven Archäologen umgebaut. Der Besucher wandelt durch die Räume und erfährt, von was sich der Künstler-Archäologe zu seinen Kunstwerken hat anregen und inspirieren lassen.

Der 8. November 2009 wird zu einem ganz besonderen Tag für den Künstler Otmar Alt, aber auch für die Otmar-Alt-Stiftung. Sie wird in einer besonderen Zeremonie, der „Einbringung des Lichtes", von der Großloge der Alten Freien und Angenommenen Maurer zu einem freimaurerischen „Kunst-Tempel" geweiht.

Am gleichen Tag wird in den Räumlichkeiten der Stiftung auch die Ausstellung „Zirkel, Mensch und Winkelmaß" eröffnet. Der Künstler setzt sich in der ihm eigenen, unverwechselbaren Formensprache mit Zeichen und Symbolen der Freimaurer auseinander und bekennt sich damit zugleich öffentlich als Maurer. In einem Interview erklärt er: „Es war schlichtweg eines der schönsten Erlebnisse meines Lebens. Ich kann es für mich nur noch mit der Taufe vergleichen, die ich allerdings im Unterschied zu dem Ritual als in der Stiftung das ‚Licht eingebracht' wurde, nicht bewusst erlebt habe."

Im Rahmen der Feierlichkeiten wird der Rockmusiker Peter Maffay mit dem Humanitären Preis der Deutschen Freimaurer ausgezeichnet. Der TV-Moderator Max Schautzer hat es übernommen, eine Laudatio auf den Musiker und dessen humanitäres Engagement zu halten. Jens Oberheide der Großmeister der Großloge der Alten Freien und Angenommenen Maurer übergibt Peter Maffay den mit 10.000 Euro dotierten Preis.

Das Jahr 2010 steht ganz im Zeichen des 70. Geburtstages des Künstlers. In der Stiftung werden verschiedene Benefiz-Konzerte bekannter Musiker über die Bühne gehen, um den Künstler zu feiern und das Engagement der Stiftung zu unterstützen.

Seit Februar 2009 moderiert Gisela Steinhauer die Talkrunden „Mit Biss!" in der Otmar-Alt-Stiftung

„Seine Hosenträger; sein wacher, prüfender Blick, der das Gegenüber sofort als Gesamtkunstwerk in Augenschein nimmt; seine schnelle Sprechweise, mal polternd, dann wieder ganz leise; sein umwerfender Humor; seine Herzlichkeit; seine Gastfreundschaft; seine Gundi – das alles hat mich umgehauen, als ich Otmar Alt zum ersten Mal begegnet bin. Und als er mir dann das ‚Du' angeboten hat, bin ich - glaube ich - rot geworden. Aber die Farbe Rot mag er ja. Möge er um Himmels willen alle diese Eigenschaften behalten. Und außerdem die Hosenträger." **Gisela Steinhauer**

Ein Fernsehteam ist bereits seit 2009 unterwegs, pendelt zwischen Völklingen und Hamm, um entlang der 31 biografischen Tafeln ein lebendiges Porträt des Künstlers zu drehen. Dabei werden auch viele Freunde und Mitstreiter zu Wort kommen und über ihre Faszination der Kunst von Otmar Alt berichten.

In diesem Film ist den Talkrunden „Mit Biss!" ein eigenes Kapitel gewidmet. „Mit Biss!" geht 2010 in sein viertes Jahr. Seitdem die Rundfunk-Journalistin und Moderatorin Gisela Steinhauer mit der ihr eigenen Sensibilität und Intensität die Gesprächsführung übernommen hat, entwickelt sich die Form der Interviews beständig weiter. Ganz gleich ob sie Marie Luise Marjahn alias Mutter Beimer aus der Lindenstraße oder Literaturkritiker Hellmuth Karasek auf die Couch bittet, vor den zahlreichen Besuchern breitet sich regelmäßig ein höchst unterhaltsamer Diskurs und eine vielschichtige Lebensgeschichte aus. Das Publikum ist von der intimen Atmosphäre dieser Gespräche geradezu begeistert.

Die Planungen für weitere Ausstellungen und neue Projekte reichen bereits weit in das neue Jahrzehnt hinein. „Es liegt mir sehr am Herzen, dass die Stiftung eine Zukunft hat", sagt Otmar Alt. „Die Stiftung ist vergleichsweise eine kleine Einrichtung und doch liegen hier unschätzbare Potenziale. Die Stadt, die Region und vor allem die Bürger brauchen solcherart künstlerische, kreative Impulse. Kunst ist wie ein Grundnahrungsmittel – unverzichtbar."

Die Basis der Tafel bildet der halb geöffnete Sarg. Es ist die letzte Ruhestätte, die sich der Künstler eingerichtet und selber gestaltet hat– ambivalent und rätselhaft, beunruhigend und beruhigend zugleich. Der liebevoll bemalte Sarg steht offen und ist leer bis auf einen metallenen Maßstab.

Dieser 24-zöllige Maßstab ist ein freimaurisches Symbol. Der Großmeister der Großloge, Jens Oberheide, interpretiert daher die Verwendung des Symbols durch den Künstler so: „Was bleibt uns mehr am Schluss des gelebten Lebens als die Überzeugung: ‚Wir haben uns bemüht'? Die Freimaurer antworten mit den Worten im rituellen Wechselgespräch, wenn es sinngemäß um die Frage geht, was man noch mehr aus seinem Leben machen könnte, als sich darum zu bemühen, es ehrlich, redlich und anständig zu gestalten. Ebenso schlicht wie anspruchsvoll hat es Moses Mendelssohn formuliert: ‚Gutes wollen – das Beste tun.' Als symbolischen Ausdruck für diese Lebensmaxime legen die Freimaurer den 24-zölligen Maßstab an ihre Gedanken und Handlungen. Als Sinnbild für die 24 Stunden

Drei Säulen als Tempelsymbole - im Raum und im Garten

des Tages fordert dieses Symbol lebenslang tagtäglich dazu auf, die ‚Zeit mit Weisheit einzuteilen'. Das gelingt nur selten, aber wer, wie Johann Wolfgang Goethe es beschrieben hat, ‚immer strebend sich bemüht', der hat wohl mehr erreicht, als die Ansammlung irdischer Güter und äußerlicher Zeichen und Würden. Als symbolischer Ausdruck dafür liegt ein rituell in der Loge benutzter 24-zölliger Maßstab im Sarg."

Lieber Otmar,
weiser Rabe,

„dieses Konterfei als Strich ist des Kunos fromme Gabe, denn ein Foto hat er nicht. Und zum Fotografen laufen weckt nicht Kunos Tatendrang doch mit Otmar einen saufen unter männlichem Gesang leiht der Fantasie die Flügel, rabengleich sich himmelwärts zu erheben, ohne Zügel, ohne Prügel, leicht ums Herz." **Hartwig K. Kloevekorn**

Die Aufgabe des Künstlers ist also noch unvollendet. Als Freimaurer sieht sich Otmar Alt selbst weiterhin als Suchender und Lehrling, wiewohl er durch viele seiner Projekte längst den Nachweis erbracht hat, dass er auf dem besten Wege ist, ein Vorbild und Meister zu sein. Aber die Herausforderung bleibt bestehen: „Mensch zu sein".

Ehre wem Ehre gebührt: Otmar Alt nimmt auf dem „Meisterstuhl" Platz

Fotonachweis

Die Otmar-Alt-Stiftung dankt allen Leihgebern für die Bereitschaft, Bildmaterial für diese Publikation zur Verfügung zu stellen. Leider war es nicht in allen Fällen möglich, die Inhaber der Urheberrechte zu ermitteln. Bei etwaigen Ansprüchen kann sich der Urheber mit einem entsprechenden Nachweis bei der Otmar-Alt-Stiftung melden. Die Fotos, die in der folgenden Liste nicht ausdrücklich genannt werden, stammen aus privatem Besitz oder gehören der Otmar-Alt-Stiftung.

Fotos der Bildtafeln: Ulrich Haller, Dortmund
Fotos auf den Bildtafeln S. 24, 36, 44: Robert Lebeck, Berlin
Fotos auf den Bildtafeln S. 112, 116, 122, 128, 132, 138, 142, 148, 152, 158: Maria Kuhlmann, Senden

Grußwort der Bundeskanzlerin: Bundesbildstelle - Foto: Laurence Chaperon, Berlin

S. 19: Potsdamer Platz - Foto: http://sites.google.com/site/kovacskrisztina02/potsdamer-platz-1945-custom-size-334-234.jpg
S. 19: Kaiser-Wilhelm-Gedächtniskirche - Foto: www.morgenpost.de/.../00007/143654_jpg_7898b.jpg
S. 19: Brandenburger Tor - Foto: www.truemmerfrauen.info/truemmer_berlin.jpg
S. 43: Louis Armstrong - Foto: Wikipedia, digital ID cph.3c27236, Library of Congress Prints and Photographs Division, New York World-Telegram and the Sun Newspaper Photograph Collection
S. 51: Sportpalast - Foto: Landesarchiv Berlin, Berlin-Schöneberg, Blicke ins Quartier 1949-2003, Jaron Verlag
S. 64: Muhammad Ali - From English Wikipedia, Category: Boxers: 01:25, 27 Jun 2004, Foto: Anthony DiPierro
S. 73: Gorbatschow - Wikipedia, photo id C31982-11, Foto: Ronald Reagan Presidential Library
S. 73: Tschernobyl - Wikipedia, Foto: Justin Stahlman / www.flickr.com/photos/93823488@N00/457480382
S. 75: Springbrunnen - Wikipedia, Foto: Raimond Spekking, Moers / Wikimedia Commons / CC-BY-SA-3.0 & GD
S. 83/126/144/155: Glasobjekte, Bühnenfoto - Fotos: Maria Kuhlmann, Senden
S. 85: Haus der Diakonie, Foto: Gräb Stiftung, Wehr-Öflingen
S. 87/88: Fotos: Allwetterzoo Münster
S. 94/107: Fotos: Firma Wiltmann, Peckeloh
S. 105: Jeanne-Claude und Christo - Wikipedia, Foto: Martin Dürrschnabel / Christo und Jeanne-Claude beim Ellis Island Heritage Award / Sony DSC-F717 / CC-BY-SA-2.5
S. 110: Nikolaus Schimmel, Schimmel-Flügel - Foto: Firma Schimmel Pianofortefabrik GmbH, Braunschweig
S. 114: Ratko Delorko - Foto: Firma Schimmel Pianofortefabrik GmbH, Braunschweig
S. 117: Rupert Fegg - Foto: Kunstakademie Bad Reichenhall
S. 118: Spandauer Zitadelle - Wikipedia, Foto: Robert Steffens, Berlin
S. 123: Ballettfotos - Fotos: SFF-Fotodesign Hofmann/Dietz, Hof
S. 131/162: F. G. Zehnder, Alt-Objekte, Rolf Grewe - Fotos: Privatärztliche Verrechnungsstelle Westfalen-Nord, Münster-Nienberge
S. 136/137: Anja und Arno Schlader - Fotos: Frank Bruse, Hamm
S. 149: Kulturbild - Foto: RAG, Essen
S. 150: Mit Biss! - Fotos: Heinz Feußner, Hamm
S. 156: Joachim Lehmann, Father Roland - Fotos: Anton Fuchs, Kolping, Augsburg
S. 163: Ballett - Foto: Ulrich Haller, Dortmund
S. 165-171: Eingang Stiftung, Veranstaltung, Freimaurer - Fotos: Hartwig K. Kloevekorn, Hamburg

Literaturliste

* Otmar Alt, Jens Oberheide (Hrsg.): Zirkel, Mensch und Winkelmaß – Seh- und Denkbilder aus der Symbolwelt der Freimaurer. (Hornberger Druck). DFM Verlag Deutscher Freimaurer. Bayreuth 2009. 60 Seiten: zahlreiche Abbilder. ISBN: 978-3-941720-02-2

* Otmar Alt (Hrsg.): Clowns. Leporello im Siebdruck. Gestaltung: Karl-Heinz Klenke. (Klenke Druck). Dortmund 2009

* Otmar Alt, Susanne Bieler (Hrsg.): Das Lächeln eines Clowns. Mit einem Grußwort von Peter Maffay. (Goihl Druck). Hamm-Norddinker 2009

* Meinrad Maria Grewenig (Hrsg.): Otmar Alt – Der Rabe im Zentrum der Weltgeschichte. Mit Beiträgen von Meinrad Maria Grewenig, Frank Günter Zehnder, Jörg Bockow und Frank Krämer. Ausstellungskatalog, Weltkulturerbe Völklinger Hütte, 5. April bis 2. November 2009. Völklingen: Weltkulturerbe Völklinger Hütte (Springpunkt Verlag). Völklingen 2009. 96 Seiten: zahlreiche Abbildungen.
ISBN: 978-3-89857-242-2

* Kolping Bildungswerk in der Diözese Augsburg (Hrsg.): Wir sind Kolping. Mit Bildern von Otmar Alt. Augsburg 2008

* Otmar Alt (Hrsg.): Rumpelstilzchen. Dokumentation der Ballettinszenierung am Pfalztheater Kaiserslautern. (Goihl Druck). Hamm-Norddinker 2008

* Sabine Gaudzinski-Windheuser, Regina Höfer, Olaf Jöris (Hrsg.): Ganz Alt – Wie bunt war die Vergangenheit wirklich? Die Archäologie des Eiszeitalters, umgesetzt von Otmar Alt. Mit Beiträgen von Jörg Bockow, Raymond Corbey, Harald Floss, Ruth Hecker und Frank Günter Zehnder. Ausstellungskatalog für das Museum Schloss Monrepos in Neuwied des Römisch-Germanischen Zentralmuseum Mainz. Römisch-Germanisches Zentralmuseum (Betz-Druck Darmstadt). Mainz 2007. 104 Seiten: zahlreiche Abbildungen.
ISBN: 978-3-88467-107-8

* Anton Fuchs, Otmar Alt (Hrsg.): Drei Katzen in Rom. Mit Beiträgen von Claudia und Anton Fuchs. (Joh. Walch). Hamm-Norddinker 2007

* Kulturbüro der Stadt Buxtehude (Hrsg.): Liebe, Lust und Leidenschaft. Mit einem Beitrag von Volkmar Jacobi. (Goihl Druck). Hamm-Norddinker 2007

* Otmar Alt mit dem Beruflichen Schulzentrum Amberg (Hrsg.): Miro + Poldi Stahlplastik. Mit Beiträgen von Wolfgang Dandorfer, Thomas Dürr, Tobias Peischl und anderen. (Goihl Druck). Hamm-Norddinker 2007

* Otmar Alt Stiftung (Hrsg.): Otmar Alt – Das Wagnis der Phantasie. Mit einem Beitrag von Jörg Bockow. Aussstellungskatalog, 27. Mai bis 22. Juli 2007 in der Peter Maffay Stiftung auf Mallorca. Hamm-Norddinker 2007. 46 Seiten: zahlreiche Abbildungen.

* Otmar Alt, Anja Schlader, Arno Schlader (Hrsg.): Männlich-Weiblich – Bilder-Schmuck-Keramik. Ausstellungskatalog. Mit einer Einführung von Frank Günter Zehnder. Hamm-Norddinker 2007. 47 Seiten: zahlreiche Abbildungen.

* Willi Blöß: Otmar Alt – Graf Öppenpöller gibt sich die Ehre. Willi Blöß Verlag (Seltmann Druck). Aachen 2006. ISBN: 3-938182-10-5

* Manfred Schulte, Otmar Alt: Kappes mit Kähn. Ruhrpott à la carte – Otmar Alt und Manfred Schulte, zwei Leckerschmecker im Pott. Kochbuch. Vorgeschmeckt von Bernd Stelter. Hamm-Norddinker 2006. 101 Seiten: zahlreiche Illustrationen. ISBN 978-3-939651-01-7

* Initiative Bildung und Kultur (Hrsg.): Otmar Alt – Die Geheimnisvolle Reise eines Pinguins. Mit Texten von Frank G. Zehnder, Marina Mache, Hans Geiger, Bruno Hensel, Detlef H. Mache. (Initiative Bildung und Kultur e.V.). Witten 2006. 40 Seiten: zahlreiche Abbildungen.

* Otmar Alt, Günter Weinberg, André Weidemann: Kochkultur in und um Lübeck. Kochbuch. Hamm-Norddinker 2006. 124 Seiten: zahlreiche Illustrationen. ISBN 978-3-939651-00-0

* Otmar Alt (Hrsg.): Die Eroberung von Mexiko. Dokumentation der Opernaufführung an den Städtischen Bühnen Münster. (Goihl Druck). Hamm-Norddinker 2005

* Frank Günter Zehnder (Hrsg.): Otmar Alt – Innenansichten der Moderne. Mit Beiträgen von Frank Günter Zehnder, Gabriele Henke, Brigitte Schad, Jörg Bockow. Ausstellungskatalog, Rheinisches Landes-Museum Bonn, 7. April bis 5. Juni 2005. (Rheinisches LandesMuseum). Bonn 2005. 136 Seiten: zahlreiche Abbildungen.

* Stadt Amberg (Hrsg.): Phantasie erleben – Otmar Alt in der Evelyn-Glashütte Amberg. Mit Beiträgen von Volker Kapp und Willi Steller. Ausstellungskatalog, 7. Oktober bis 27. November 2005 in der Alten Feuerwache Amberg. Stadt Amberg (Strobl Druck und Verlag). Amberg 2005. 48 Seiten: zahlreiche Abbildungen.

* Otmar Alt (Hrsg.): Alice im Wunderland. Dokumentation der Balettinszenierung am Stadttheater in Hof. Mit Texten von Uwe Drechsel, Simon Moser, Arn Goerke und Stefano Giannetti. (Goihl Druck). Hamm-Norddinker 2005

* Otmar Alt, Dagmar Berghoff, Norbert Wieh (Hrsg.): Das Otmar-Alt-Adventskalender-Buch. Mit Texten von Dagmar Berghoff, Norbert Wieh und anderen. (Gütersloher Verlagshaus). Gütersloh 2005. 76 Seiten: zahlreiche Abbildungen. ISBN 3-579-07205-6

* Ursula Gareis: Kinder entdecken Otmar Alt – Die kunterbunte Fundgrube für den Kunstunterricht. Bergedorfer Unterrichtsideen. (Persen Verlag). Horneburg/Niederelbe 2005

* Birgit Brandenburg: Otmar Alt für Kinder – Eine Werkstatt. (Verlag an der Ruhr). Mülheim an der Ruhr 2005

* Silke Ramelow (Hrsg.): Der Löwe von Tannheim. Bilder und Geschichten der Kinder aus der Nachsorgeklinik Tannheim. (Meurer Verlag). Radolfzell-Bodensee 2005. ISBN: 3-9810566-0-4

* Otmar Alt (Hrsg.): Erotische Geschichten im Glück der Lust. Mit einem Beitrag von Rolf Geinert. (Goihl Druck). Hamm-Norddinker 2005

* Otmar Alt (Hrsg.): Der Bühnenfloh Felix trifft Rotkäppchen. Dokumentation der Kindertheaterinszenierung am Stadttheater in Altenburg-Gera. Mit einem Text von Dagmar Kunze. (Goihl Druck). Hamm-Norddinker 2004

* Otmar Alt, Jens Oberheide (Hrsg.): Von Künsten, Säulen und Symbolen. Mit einem Text von Jens Oberheide. (Goihl Druck). Hamm-Norddinker 2004

* Kunstverein Kühlungsborn (Hrsg.): Otmar Alt – Malerei und Objekte. Mit einer Einführung von Franz N. Kröger. Ausstellungskatalog Kunsthalle Kühlungsborn 15. August bis 10. Oktober 2004. (Kunsthalle Kühlungsborn). Kühlungsborn 2004. 68 Seiten: zahlreiche Abbildungen.

* Otmar Alt, Ulrich Wolfkühler (Hrsg.): Die Geschichte der edlen Brände aus Kallenhardt. Mit einem Beitrag von Ulrich Wolfkühler. (C-Design). Hamm-Norddinker 2004

* Otmar Alt (Hrsg.): Der Nussknacker – Ein Ballett zum Träumen. Dokumentation der Balettinszenierung am Stadttheater in Hof. Mit dem Text von Peter-Michael Tschoepe. (Goihl Druck). Hamm-Norddinker 2003

* Gerd Biegel (Hrsg.): Die neun Kreise der Hexe Antra. Katalog der Konzeptausstellung von Otmar Alt, Jean-Marie Bottequin und Gerd Scherm im Braunschweigischen Landesmuseum. Mit Texten von Gerd Biegel, Karl-Heinz Schneider. Braunschweigisches Landesmuseum. (Heckner Print-Service). Braunschweig 2002. 96 Seiten: zahlreiche Abbildungen. ISBN: 3-927939-62-5

* Otmar Alt, Maria Kuhlmann, Simon Moser (Hrsg.): „Pas de bleu" oder „wie die Farben tanzen lernen". Dokumentation anlässlich der Ballettproduktion des Theaters Hof „Tanz der Farben/Medea". (Edition Becker). Laufen 2002. 64 Seiten: zahlreiche Abbildungen. ISBN 3-936388-32-6

* Iris Nestler (Hrsg.): Otmar Alt – Trolle, Gnome und andere Wirklichkeiten. Ausstellungskatalog. 15. September 2001 bis 3. Februar 2002 im Deutschen Glasmalerei-Museum Linnich, 28. September bis 25. November 2001 im Leopold-Hoesch-Museum Düren. Mit Texten von Dorothea Eimert, Iris Nestler, Gerd Presler, Ludwig Schaffrath, Gerd Scherm und Frank Günter Zehnder. (DruckVerlag Kettler). Linnich 2001. ISBN: 3-935019-37-8

* Galerie der Stadt Aschaffenburg (Hrsg.): Otmar Alt – Das Wagnis der Phantasie: eine Dokumentation der Ausstellung in der Jesuitenkirche vom 28. April bis 23. Juni 2002. Jesuitenkirche, Galerie der Stadt Aschaffenburg. Mit Beiträgen von Brigitte Schad, Suyin Scheid-Henning und Gerd Presler. Aschaffenburg 2002. 22 Seiten: zahlreiche Abbildungen.

* Otmar Alt, Ilse Bintig (Hrsg.): Baalabu – oder die Reise zum Glück. Anläßlich des 60. Geburtstages von Otmar Alt. Mit einem Text von Dunja Berthold-Ellersbach und Abbildungen von Otmar Alt. (Westfälischer Anzeiger Verlagsges.). Hamm 2000. 34 Seiten: zahlreiche Abbildungen. ISBN 3-924966-26-5

* Kunstamt Spandau (Hrsg.): Der Tisch des Zauberers – Otmar Alt Retrospektive. Ausstellungskatalog. Spandauer Zitadelle. Mit einem Beitrag von Ralf Frank Hartmann. (Decker & Dietsche). Spandau 2000. 38 Seiten: zahlreiche Abbildungen.

* Gerd Presler (Hrsg.): Otmar Alt – Bilder aus der Stille der Nacht. Hamm-Norddinker 1998

* Klaus Honnef (Hrsg.): Otmar Alt – Die Kraft zur Synthese. Ausstellungskatalog Kunsthalle Darmstadt. Mit Beiträgen von Klaus Honnef und Dorit Marhenke. Hamm 1997. 80 Seiten: zahlreiche Abbildungen.

* Gerd Presler (Hrsg.): Otmar Alt – Schwarze Bilder. (W.A.S. Production). Hamm-Norddinker 1997. 56 Seiten: zahlreiche Abbildungen.

* Otmar Alt (Hrsg.): Otmar Alt – Bilder-Grafiken-Objekte. Ausstellungskatalog 10. Mai bis 9. Juni 1996 im Historischen Museum in Krakau. Hamm 1996. 64 Seiten: zahlreiche Abbildungen.

* Otmar Alt, Reinhard End (Hrsg.): Der Gengenbacher Adventskalender: Ein Geschenk- und Erinnerungsbuch. (Gengenbacher Adventskalender e.V.). Gengenbach 1996

* Willy Athenstädt (Hrsg.): Otmar Alt. Monographie und Ausstellungskatalog mit Beiträgen von Willy Athenstädt, Carl-Heinz Heuer, Klaus Honnef, Hans Ottomann und Josef Zitzen. 26. Juni bis 14. August 1994 im Von der Heydt Museum Wuppertal.(Edition Braus). Heidelberg 1994. 192 Seiten: zahlreiche Abbildungen. ISBN: 3-89466-107-0

* Galerie Vömel (Hrsg.): Otmar Alt – Neue Bilder. Ausstellungskatalog 7. Mai bis 30. Juni 1993. Mit einem Beitrag von Willy Athenstädt. (Vömel). Düsseldorf 1993. 52 Seiten: zahlreiche Abbildungen.

* Heinrich Hoffmann, Karlhans Frank, Otmar Alt, Christof Streidel: Prinz GrüneWald und Perlenfein mit ihrem lieben Eselein. Eine Geschichte von Heinrich Hoffmann, neu erzählt von Karlhans Frank, mit Bildern von Otmar Alt und einem Nachwort von Christof Streidel. Artcolor Verlag (Edition Schnake). Münster 1992. ISBN 3892613109

* Gabriele Wohmann: Die Bütows. Erzählung mit Bildern von Otmar Alt. (Eremiten Presse). Düsseldorf 1991. 20 Seiten: zahlreiche Abbildungen.

* Volker Kapp (Hrsg.): Otmar Alt – Glasgrotesken. Ausstellungskatalog mit Beiträgen von Volker Kapp und Joachim Kruse. Veste Coburg. (Artcolor Verlag). Hamm 1990. 88 Seiten: zahlreiche Abbildungen. ISBN: 1-89261-314-1

* Galerie Orangerie-Reinz (Hrsg.): Otmar Alt 1989 - 1990. Ausstellungskatalog mit einem Beitrag von Siegfried Salzmann. (Orangerie-Reinz). Köln 1989. 72 Seiten: zahlreiche Abbildungen. ISBN: 3-920710-25-8

* Handwerkskammer Münster (Hrsg.): Otmar Alt – Künstler und Handwerker. Katalog zur Ausstellung Münster 6. Oktober bis 3. November 1989. Mit einem Text von Ursula Hecker. (Selbstverlag/Handwerkskammer Münster). Münster 1989.

* Otmar Alt (Hrsg.): Geschichten aus Bremen, Westfalen und anderswo. Ausstellungskatalog 10. März bis 25. Juni 1989. Städtische Museen Heilbronn. Mit einem Text von Siegfried Salzmann. (Städtische Museen Heilbronn). Heilbronn 1988. 59 Seiten: zahlreiche Abbildungen

* Reinhard End (Hrsg.): Otmar Alt – Ausstellungsjournal. Augen---Blick Mal! Sieben Kapitel über einen Maler. Ausstellungskatalog mit Beiträgen von Volker Kapp, Reinhard End, Doris Lewerentz, Peter Lewerentz, Gerhard Milting und Karl Heinz Templin. (Artcolor Verlag). Hamm 1986. 48 Seiten: zahlreiche Abbildungen.

* Eberhard Schnake (Hrsg.): Otmar Alt – Bilder, Aquarelle und Radierungen. (Edition Schnake). Münster 1986. 46 Seiten: zahlreiche Abbildungen.

* Otmar Alt: Liebes-Buch der Elefanten. Mit einem Nachwort von Hanns Theodor Flemming. (Harenberg Verlag). Dortmund 1982. 118 Seiten: zahlreiche Abbildungen. ISBN: 3-88379-349-3

* Galerie Vömel (Hrsg.): Otmar Alt – die ersten 20 Jahre. Ausstellungskatalog 16. Januar bis 2. März 1985. (Galerie Alex Vömel). Düsseldorf 1985. 34 Seiten: zahlreiche Abbildungen.

* Rüdiger Kremer: Die Katzen des Königs der Spatzen. Gedichte mit Original-Graphiken von Otmar Alt. (Eremiten-Presse). Düsseldorf 1985. 65 Seiten.

* Otmar Alt: Zwölf Farbillustrationen von Otmar Alt zu Gedichten von Joachim Ringelnatz. 1985

* Eberhard Schnake (Hrsg.): Der Zoo im Zoo ... von Otmar Alt. Vorwort: Götz Ruempler. (Edition Galerie Schnake). Galerie Schnake + Allwetterzoo Münster. Münster 1985. 18 Seiten: zahlreiche Abbildungen.

* Hans Redmann (Hrsg.): Otmar Alt – die ersten 20 Jahre. Otmar Alt – die ersten 20 Jahre. Ausstellungskatalog 16. Oktober bis 8. Dezember 1984. (Redmann-Galerie und Kunsthandel). Berlin 1984. 34 Seiten: zahlreiche Abbildungen. ISBN 3-925568-02-6

* Gabriele Wohmann, Otmar Alt: Der Kirschbaum. Erzählung. Mit 8 ganzseitigen Offset-Lithographien von Otmar Alt. (Eremiten-Presse). Düsseldorf 1984. Seiten 95: 8 Abbildungen.

* Leopold-Hoesch-Museum Düren (Hrsg.): Otmar Alt – Ölbilder, Aquarelle, Collagen, Zeichnungen, Druckgrafiken, Bronzeplastiken, Keramiken, Holzplastiken. Ausstellungskatalog Leopold-Hoesch-Museum Düren, 24. April bis 5. Juni 1983; Galerie Jäggi Basel, 10. Juni bis 5. Juli 1983; Landesmuseum Oldenburg 22. Juni bis 7. August 1983; Kreishaus Hürth 23. Oktober bis 25. November 1983. Mit einem Text von Dorothea Eimert. (Leopold-Hoesch-Museum). Düren 1983. 96 Seiten: zahlreiche Abbildungen.

* Leopold-Hoesch-Museum Düren (Hrsg.): Otmar Alt – Der Mann aus dem Rote-Grützeland. Ausstellungskatalog Leopold-Hoesch-Museum Düren 24. April bis 5. Juni 1983. Borgentreich Art Kollektion 1983. 96 Seiten: zahlreiche Abbildungen.

* Otmar Alt (Hrsg.): AO Otmar Alt – Querschnitt durch seine bisherigen Arbeiten mit Grußworten u.a. Gerd Müller, Udo Wüst, Otto Wolf von Amerongen, Günter Netzer. (Edition Elefant-Art). Schopfheim 1981, 68 Seiten: zahlreiche Abbildungen von Kunstwerken in Privatbesitz.

* Otmar Alt (Hrsg.): AO Otmar Alt – Querschnitt durch seine bisherigen Arbeiten mit Grußworten u.a. Gerhard Rudolf Baum, Paul Gräb, Prof. Eugen Gomringer, Peter Schamoni, Auri Heimbeck, Raimund le Viseur, (Edition Elefant-Art). Schopfheim 1981, 74 Seiten: zahlreiche Abbildungen von Kunstwerken in Privatbesitz.

* Jochen Krüper (Hrsg.): Otmar Alt – Zeichnungen, neue Arbeiten. Ausstellungskatalog 23. August bis 31. August 1980 im Rahmen der Essener Woche E ,80. Galerie Heimeshoff Essen. (Galerie Heimeshoff). Essen 1980

* Otmar Alt, Raimund Le Viseur: Otmar Alt. Mit Fotos von Tassilo Trost, Klemens Kania, Hans Redmann und anderen. Erzählung Raimund Le Viseur. (Edition Elefant-Art). Schopfheim 1980

* Otmar Alt, Raimund Le Viseur: Puzzles. Mit einer Erzählung von Raimund Le Viseur. Rigips-Kunst-Edition. (Edition Elefant-Art). Schopfheim 1980. 140 Seiten: zahlreiche Abbildungen

* Otmar Alt: Puzzles. (Walter Verlag). Haltersheim o.J.

* Galerie Lauter (Hrsg.): Accrochage 79. Galerie Lauter zeigt Bilder, Plastiken, Objekte, Zeichnungen und Grafiken von Otmar Alt und anderen. Ausstellungkatalolg 23. November 1979 bis 17. Januar 1980 Galerie Lauter Mannheim. (Galerie Lauter). Mannheim 1979

* Galerie Vömel (Hrsg.): Otmar Alt – Gouachen und Ölbilder. Ausstellungskatalog 25. November 1977 bis Januar 1978. Mit einem Text von Ottmar Bergmann. (Galerie Alex Vömel). Düsseldorf 1978

* Kunstverein Düsseldorf (Hrsg.): Otmar Alt – Holzskulpturen, Werkstattzeichnungen 1975-1977. Katalog zur Ausstellung im Kunstverein Düsseldorf 1977/1978. (Kunstverein für die Rheinlande und Westfalen). Düsseldorf 1977. 78 Seiten: zahlreiche Abbildungen

* Alt, Otmar: Otmar Alt und Joachim Ringelnatz. Zwölf Farbillustrationen zu Gedichten von Joachim Ringelnatz. Kirchbrack und Hamm: Art Kollektion. Hamm 1975

* Galerie Orangerie-Reinz (Hrsg.): Otmar Alt. Mit einem Beitrag von Celementine Klein. Verzeichnis der Gemälde und Plastiken aus den Jahren 1964 – 1974. (Galerie Organgerie-Reinz). Köln 1974. 50 Seiten: zahlreiche Abbildungen.

* Otmar Alt, Wystan Hugh Auden: Die große Veränderung. Mit einem Beitrag von Juliane Roh. Nachwort von Monika Goedl-Roth. (Bruckmann Verlag). München 1972

* Galerie Schmücking (Hrsg): Otmar Alt – „A World Flight Souvenir". Mit einem Beitrag von Eberhard Rothers. (Verlag Galerie Schmücking). Braunschweig 1972

* Galerie Commeter (Hrsg): Otmar Alt. (Galerie Commeter). Hamburg 1972. ca. 10 Blätter mit Abbildungen.

* Hans Stempel, Martin Ripkens (Hrsg.): Luderbär. Kinderbuch mit Bildern von Otmar Alt. (Middelhauve Verlag). Köln 1970.

* Frankfurter Kunstkabinett (Hrsg.): Otmar Alt – Isländische Impressionen. Ölbilder, Mischtechniken, Zeichnungen, Druckgraphik. Ausstellungskatalog. Mit Texten von Hans Stempel und Martin Ripkens. (Frankfurter Kunstkabinett Hanna Bekker vom Rath). Frankfurt 1969.

* Galerie Gimpel (Hrsg.): Otmar Alt. Ausstellungskatalog 21. Januar bis 15. Februrar 1969. Mit einem Text von René Gimpel. (Galerie Gimpel London). London 1969.

* Galerie Schmücking (Hrsg.): Die Kinguine. 11 farbige Linolschnitte von Otmar Alt. Mit einem Text von Stefani Teichgräber. Der Druck erfolgte von den Originallinolschnitten. 20 Seiten (unpag.). (Verlag Galerie Schmücking). Braunschweig 1968.

* Kunstsammlung Bonn (Hrsg.): Otmar Alt – Keramiken. Ausstellungskatalog. Mit einem Text von Dieter Gerber. (Kunstsammlung Bonn). Bonn 1968.

* Raimund Le Viseur, Otmar Alt: Geisterstunde der Glücksbringer. Mit Fotos von Gernot Kayser. Berlin 1968

* Rolf Schmücking (Hrsg.): Otmar Alt – Ölgemälde und Zeichnungen. Ausstellungskatalog 28. April bis 21. Mai 1967. Mit einem Text von Heinz Ohff. (Verlag Galerie Schmücking). Braunschweig 1967.

* Galerie Niepel (Hrsg.): Otmar Alt – Ölgemälde und Zeichnungen. Ausstellungskatalog Januar bis Februar 1967. Mit einem Text von Klaus Hoffmann. (Galerie Niepel). Düsseldorf 1967. 18 Seiten: zahlreiche Abbildungen.

* Badischer Kunstverein (Hrsg.): Otmar Alt. Ausstellungskatalog. Mit einem Text von Georg Bussmann. (Badischer Kunstverein). Karlsruhe 1967.

Otmar Alt – Zeichensetzer unserer Zeit

Eine bebilderte Biografie

Herausgegeben von der Otmar-Alt-Stiftung durch Jörg Bockow

Impressum

Text: Jörg Bockow

Grußworte: Angela Merkel und Thomas Hunsteger-Petermann

Einführung: Frank Günter Zehnder

Konzept: Otmar Alt

Layout: Gudrun Wirsieg

Druckbetreuung: Reiner Meyer

Organisation: Reinhard Höinghaus und das Team der Otmar-Alt-Stiftung

Mitwirkende: Florian Benet-Riedel, Jörg Bockow, Reinhard End, Hans Geiger, Ulrich Haller, Wolfgang Höntsch, Maria Kuhlmann, Klaus Lewerentz, Kolja Lewerentz, Dieter Maryniok, Peter Müller, Anja Schlader, Heike Schmidt, Gudrun Wirsieg

Auflage: 3.000 Exemplare

Gesamtherstellung: Goihl Druck GmbH, Stuhr

Erschienen in einer Edition der Otmar-Alt-Stiftung, Hamm

ISBN: 3-939651-09-5

Printed in Germany